コメディカルのための
専門基礎分野テキスト
シリーズ監修

自治医科大学名誉教授　北村　諭
日本内科学会名誉会員
埼玉県立大学前学長　　北川定謙

琉球大学名誉教授　名嘉幸一　編集

臨床心理学

中外医学社

● 執筆者一覧 (執筆順)

名嘉　幸一	琉球大学 名誉教授
渡久山朝裕	沖縄県立看護大学看護学部看護学科臨床心理学　准教授
菊池　義人	鳥取大学大学院医学系研究科臨床心理学専攻　教授
工藤　晋平	名古屋大学学生相談総合センター障害学生支援室　特任准教授
菊池　清美	社会福祉法人風と虹 児童心理治療施設 筑後いずみ園　施設長
井村　弘子	沖縄国際大学人間福祉学科心理カウンセリング専攻　教授

まえがき

　フランスの作家で哲学者のアンドレ　マルローは「21世紀は再び心の時代となるであろう．さもなくば21世紀は存在しないであろう」といったそうだが，21世紀の今日私達の目の前に広がる風景はそれとはおよそほど遠い世界である．

　おだやかな陽光につつまれ，子ども達が笑い興じる平和な世界を夢みたはずなのにそれとはうらはらの光景が眼前に広がっている．絶えることのない争い，テロや戦争，内戦といった状況はいつ果てるともなく続いている．私達の国でも人の心がすさんだような予想もつかないさまざまな事件・事故に巻きこまれる人々がいる．日々の営みの中でまどろむいとまもないほど人の心は波立ち，安らぎの眠りにつける夜も多くはない．心を乱す悲しみや喪失，葛藤やストレスの絶える日はついに訪れず心を病む人々もいる．この頃では弱い立場の幼い子ども達が犠牲になる事件も多い．かけがえのない家族や最愛の人を失った者の悲しみはどのようにして癒したらよいのだろう．

　一陣の風と共にやってきた一篇の詩"千の風になって"(*a thousand winds*. 原詩/作者不明．日本語詩：新井　満．講談社；2003) に出会い，限りなく癒される人もあろう．しかし，それ以外の多くの人々はどのようにして喪失の悲しみから立ち上がり，傷ついた心の手当てをしたらよいのだろうか．

　臨床心理学は，このように心に傷を受け疲れ果て癒されることのない苦悩と痛みに寄り添い，支援を行う学問分野である．実践に携わる者は，確かな知識と技術に裏打ちされた高い専門性と，ゆるがぬ心の強さをもたねばならない．だが，心理臨床にかかわる者は同時に人としての恥じらいやナイーヴさを失ってはならない．村瀬嘉代子氏の自他へのまなざし (「柔らかなこころ，静かな想い」創元社；2002) は，そのようなことを思い出させてくれる．

　医学は進歩し大抵の病は治癒することが可能な時代になった．EBM (Evidence Based Medicine) も重要である．しかし，ユング派分析家の河合隼雄氏は医療における NBM (Narrative Based Medicine)，すなわち病む者の個別の"物語"に耳を傾けることの大切さを説いている．ハーバード大学

のアーサー　クライマンも「病いの語り」〔江口重幸，他訳．誠信書房；1996 (*The Illness Narratives.* New York: Basic Books Inc; 1988)〕の必要性について述べる．エリック　キャセルも「癒し人のわざ」〔土居健郎，他訳．新曜社；1991 (*The Healer's Art.* New York: JB Lippincott Co; 1976)〕で言及し，訳者の土居健郎氏も強調されたように，人は単に病を治療されるだけでは人として全人的に癒されることにはならない．臨床心理学はこのように医療や保健，福祉，教育などの谷間に生じた心くばりのすき間を埋めることに役立つ専門分野であってほしいと願う．

　このテキストは主として保健・医療・福祉に携わるコメディカルの学生を対象に，臨床心理学の基礎を学ばせることをねらいとして編まれたものである．したがって必要最小限のところを簡略に述べたところが多い．しかし，章によっては臨床心理学をプロパーとして学ぶ心理学系の学部学生，さらには臨床心理士を養成する指定大学院に在籍する大学院生にも十分読みごたえのある内容になっているのではないかと考えている．

　本書がこれら勉学途上の若い学生たちの入門書としてだけでなく，時にはそれぞれの現場ですでに実践に携わっている方々にとっても，おりにふれ必要な箇所を拾いだして読み直すことに耐えるテキストとして活用されることを願っている．

2006年3月

名嘉　幸一

■ 目　次 ■

1　臨床心理学序説　　〈名嘉幸一〉　1

1. 臨床心理学の歴史―概説 …………………………………………1
   - a．ヨーロッパにおける動向 ……………………………………1
   - b．アメリカにおける動向 ………………………………………3
   - c．日本における最近の動き ……………………………………4
   - d．関連する分野の動き …………………………………………5
2. 臨床心理学の実践的展開 …………………………………………6
   - 心理臨床の実践方法とその対象 …………………………………6
     1) 心理アセスメント ……………………………………………6
     2) カウンセリングと心理療法 …………………………………8
     3) コミュニティへのかかわり …………………………………8

2　臨床心理学的査定・診断（心理アセスメント）　〈渡久山朝裕〉　12

1. 知能検査 ……………………………………………………………12
   - a．知能の定義 ……………………………………………………12
   - b．知能の構造 ……………………………………………………12
   - c．知能検査の種類 ………………………………………………13
     1) ビネー式知能検査 ……………………………………………13
     2) ウェクスラー式知能検査 ……………………………………13
     3) 知能指数 ………………………………………………………14
     4) 偏差知能指数 …………………………………………………14
2. 発達検査 ……………………………………………………………14
3. 性格検査 ……………………………………………………………14
   - a．質問紙法 ………………………………………………………15
     1) YGPI®（矢田部・ギルフォード性格検査）…………………16

　　　2) MMPI（ミネソタ多面人格目録） ……………………………17
　　　3) エゴグラム ……………………………………………………18
　　　4) EPPS ……………………………………………………………19
　　b．作業検査法 ………………………………………………………19
　　　内田クレペリン精神検査 ………………………………………19
　　c．投影法 ……………………………………………………………20
　　　1) ロールシャッハテスト ………………………………………21
　　　2) TAT（主題統覚検査） ………………………………………22
　　　3) SCT（文章完成法テスト） …………………………………23
　　　4) バウムテスト（樹木テスト） ………………………………24
　　　5) HTPテスト（家屋・樹木・人物描画テスト） ……………24
　　　6) P-Fスタディ（絵画欲求不満テスト） ……………………25
　　d．性格検査の活用 …………………………………………………26
　4. その他の心理検査 ……………………………………………………27
　　a．STAI（状態・特性不安検査） …………………………………27
　　b．SDS（うつ性自己評価尺度） ……………………………………27
　5. テストバッテリー ……………………………………………………27
　6. 面接法 …………………………………………………………………27
　7. 臨床心理士の専門性 …………………………………………………28

3　臨床心理学的援助　　　　　　　　　　　　　　　　　　30

A. 心理療法の歴史と成り立ち ………………………〈菊池義人〉30
　1. 心理療法とはどのようなものか …………………………………30
　2. 心理療法の成り立ち ………………………………………………31
　　a．呪術，シャーマニズム …………………………………………31
　　b．催眠術 ……………………………………………………………36
　　c．自由連想法と精神分析 …………………………………………38
　　d．催眠と自律訓練法 ………………………………………………42
　　e．オペラント条件づけと行動療法 ………………………………42
　　f．クライエント中心療法と人間性心理学 ………………………44
　　g．その他の先駆者 …………………………………………………48

3．援助行為としての心理療法の特徴……………………49
　　　　a．人の主体性を引き出す……………………………49
　　　　b．日常的なコミュニケーションを手段とする……50
　　　　c．対等で相互的な援助を行う………………………51
　　　　d．心理療法は専門家の援助と非専門性の援助を結びつける…51
B．心理療法の諸技法……………………………〈工藤晋平〉 54
　　1．クライエント中心療法……………………………………54
　　　　a．無条件の肯定的配慮………………………………54
　　　　b．共感的理解…………………………………………54
　　　　c．純粋性………………………………………………55
　　2．エンカウンターグループ…………………………………56
　　3．フォーカシング……………………………………………57
　　　　a．クリアリングスペース……………………………58
　　　　b．選ぶ…………………………………………………58
　　　　c．フェルトセンス……………………………………58
　　　　d．見出しをつける……………………………………58
　　　　e．見出しへの共鳴……………………………………58
　　　　f．問いかけ……………………………………………58
　　　　g．受容…………………………………………………58
　　4．精神分析療法………………………………………………59
　　5．プレイセラピー……………………………………………61
　　6．箱庭療法……………………………………………………64
　　7．芸術療法……………………………………………………67
　　8．集団精神療法………………………………………………68
　　9．心理劇………………………………………………………69
　　10．催眠療法……………………………………………………71
　　11．自律訓練法…………………………………………………72
　　12．動作法………………………………………………………74
　　13．内観療法……………………………………………………75
　　14．森田療法……………………………………………………77
　　　　a．第1期：絶対臥褥期………………………………78

　　　　b．第2期：軽作業期 …………………………………… 78
　　　　c．第3期：重作業期 …………………………………… 78
　　　　d．第4期：生活訓練期 ………………………………… 79
　　　　e．日記指導 ……………………………………………… 79
　15．行動療法 ……………………………………………………… 80
　16．認知行動療法 ………………………………………………… 81
　17．バイオフィードバック法 …………………………………… 83
　18．家族療法 ……………………………………………………… 84
　19．ブリーフセラピー …………………………………………… 86
C．臨床場面への応用と展開 ………………………………〈菊池清美〉 89
　1．心理療法の適応 ……………………………………………… 89
　2．心理療法の始めかた ………………………………………… 91
　　　a．主訴と技法の選択 …………………………………… 91
　　　b．心理療法への導入 …………………………………… 93
　3．心理療法の経過と技法 ……………………………………… 94
　　　a．事例 …………………………………………………… 95
　　　b．考察 …………………………………………………… 101
　4．トレーニング―メニンガークリニックの教育・訓練システム …… 104
　　　a．知識 …………………………………………………… 105
　　　b．臨床技術 ……………………………………………… 105
　　　c．自己理解 ……………………………………………… 106
　　　d．メニンガークリニックにおけるトレーニングシステム … 107
D．コンサルテーション・リエゾン活動 …………………〈名嘉幸一〉 111
　1．医療機関におけるコンサルテーション・リエゾン活動 …… 111
　2．地域におけるコンサルテーション・リエゾン活動 ………… 112
E．スーパーヴィジョンとコンサルテーション ……………〈名嘉幸一〉 114

4　ライフサイクルと心理臨床　〈井村弘子〉 116

　1．生涯発達とライフサイクル ………………………………… 116
　2．各発達段階の特徴と心理臨床 ……………………………… 116
　　　a．乳幼児期 ……………………………………………… 116

b．児童期 ……………………………………………………………… 119
　　　c．青年期 ……………………………………………………………… 121
　　　d．成人期 ……………………………………………………………… 123
　　　e．老年期 ……………………………………………………………… 124

5　心理臨床活動の領域　　　　　　　　　　　　　　〈井村弘子〉 126

　1．教育の領域 ………………………………………………………………… 126
　　　a．教育の領域における心理臨床活動 ……………………………… 126
　　　b．教育の現場と心理臨床 …………………………………………… 126
　2．医療・保健の領域 ………………………………………………………… 127
　　　a．医療・保健の領域における心理臨床活動 ……………………… 127
　　　b．医療・保健の現場と心理臨床 …………………………………… 127
　3．福祉の領域 ………………………………………………………………… 130
　　　a．福祉の領域における心理臨床活動 ……………………………… 130
　　　b．福祉の現場と心理臨床 …………………………………………… 131
　4．司法・矯正の領域 ………………………………………………………… 133
　　　a．司法・矯正の領域における心理臨床活動 ……………………… 133
　　　b．司法・矯正の現場と心理臨床 …………………………………… 133
　5．産業領域 …………………………………………………………………… 135
　　　a．産業領域における心理臨床活動 ………………………………… 135
　　　b．産業の現場と心理臨床 …………………………………………… 135

6　心理臨床における倫理　　　　　　　　　　　　　〈名嘉幸一〉 137

　臨床と実践活動における倫理の重要性 ………………………………………… 137
　（資料1）日本臨床心理士会倫理綱領 …………………………………………… 140
　（資料2）日本心理臨床学会倫理綱領 …………………………………………… 145
　（資料3）日本心理臨床学会員のための倫理基準 ……………………………… 147
　（資料4）臨床心理士倫理綱領 …………………………………………………… 151

　索引 …………………………………………………………………………………… 153

1 臨床心理学序説

1 臨床心理学の歴史—概説

a. ヨーロッパにおける動向

　人類の歴史の中で，人の心に対する関心と探求は長い過去を有するにもかかわらず，それに対する科学的・心理学的アプローチは短い歴史しかない．心に対するアプローチは初期の頃，宗教や哲学，文学がこれを主にとり扱ってきた．

　心理学，とりわけ臨床心理学的学問分野が登場し，知能や心を対象とする専門的研究が行われ，人の悩みや心の病いに対する対処法を心理学的に考究し，それを心の治療や援助に役立てるようになってからは，せいぜい100年前後の歴史があるにすぎない．

　知能検査の創始者として知られるフランスのビネー Binet A（1857～1911）が，「知能の実験的研究」をまとめたのが1903年，フランス文部省の依頼を受けシモン Simon T と協力して発達に遅滞のある子ども達を判別するために30項目からなる「異常児の知的水準診断の新しい方法」を発表したのが1905年であった．ビネーはその研究をさらに子ども一般の知的発達の法則・測定・多様性にまで高め，今日広く活用されるようになった世界ではじめての知能検査「ビネー-シモン知能検査」として結実させた．この方法はその後さらに改良が加えられ1911年「ビネー知能検査法の原典」として発表された．

　また，フロイト Freud S（1856～1939）（図1）の有名な「夢判断」が出版されたのが1899年，「精神分析入門」が1916年，「自我とエス」が1923年になってからそれぞれ出版されている．アドラー Adler A（1870～1937）とともにフロイトと交流のあったユング Jung CG（1875～1961）（図2）の「リビドーの変遷と象徴」が1912年，「無意識の心理」が1917年，「タイプ論」が1920年に出版されている．同時代のクレッチマー

Kretschmer E（1888〜1964）の「体格と性格」が1921年,「医学的心理学」が1922年,「ヒステリー・反射と本能」が1923年,さらに臨床心理学の関係者にとってなじみの深いロールシャッハ テストの創始者であるスイスのヘルマン ロールシャッハ Rorschach H（1884〜1922）（図3）による「精神診断学」が出版されたのが彼の死の前年であった1921年のことである.

図1 フロイト

図2 ユング

図3 ロールシャッハ

b. アメリカにおける動向

　ウェクスラー式知能検査の作製者として知られるウェクスラー　Wechsler D（1896～1981）が知能に関する独自な考えに基づき，はじめて成人用の「ウェクスラー-ベルビュー知能尺度　Wechsler-Bellvue Intelligence Scale」を発表したのが1939年，来談者中心療法の創始者で戦後の日本におけるカウンセリングの普及拡大に大きな影響を及ぼしたロジャーズ　Rogers CR（1902～1987）（図4）が「カウンセリングと心理療法」を発表したのが第二次大戦中の1942年，「来談者中心療法」および「心理療法とパーソナリティの変化」を発表したのが戦後の1951年と1954年のことであった．

　またアメリカにおける精神分析のメッカとして知られ，世界中から多くの精神科医，臨床心理士，精神科ソーシャルワーカーらを集め，専門的教育・訓練を行っているメニンガークリニックの創設者カール　メニンガー　Menninger KA（1893～1990）が，カンザス州都トピーカにかの有名なクリニックを開設したのが1925年である（詳細については§3-C-4．トレーニング—メニンガークリニックの教育・訓練システムの項，104頁を参照されたい）．

　その他，この時期にはヨーロッパにおけるナチス　ドイツの迫害を逃れ，多くのユダヤ系心理学者がアメリカに移住し，アメリカにおける臨床心理

図4　ロジャーズ　　　　　　図5　クロッパー

学の発展に寄与している．

　ちなみに後にフロイトと袂を別つことになった上述のアドラー，ロールシャッハ テストの検査手続き，記号化，解釈などの研究をすすめ，アメリカにおけるロールシャッハ テストの普及と実用化に大きく貢献したクロッパー Klopfer B（1900～1971）（図5），自閉症児の治療で知られる児童心理学者のベッテルハイム Bettelheim B（1903～1990），ライフ サイクル論とともに青年期における自我の確立とアイデンティティの危機について言及したエリクソン Erikson EH（1902～1994），「自由からの逃走」（1941）で知られるフロム Fromm E（1900～1980），ゲシュタルト療法の創始者パールズ Perls FS（1893～1970），精神分析的自我心理学をアメリカの地で発展させたハルトマン Hartmann H（1894～1970）らがいる．

　ここでその他にアメリカにおける臨床心理学の近年の動向を表すものとして，大塚（2004）による「アメリカ臨床心理学主要雑誌の創刊年度一覧表」（表1）を参考までに掲げておく．

　ヨーロッパおよびアメリカにおける臨床心理学的研究や臨床活動のほとんどがこの100年程度，つまり20世紀になってから展開されたものであることが大体わかっていただけたと思う．

c. 日本における最近の動き

　ところがこのように医学に比べれば後発の学問分野であった臨床心理学，とりわけわが国における臨床心理学の最近の進展はめざましいものがある．

　1964年，今から41年前日本臨床心理学会が設立されたが，さまざまな事情と曲折を経て1982年に日本心理臨床学会が発足したときには600余名であった同学会の会員数が，年を追うごとに増加し，2003年11月で14,513人になり2005年現在，その数はおよそ16,000人と心理学関係の学会では日本最大の会員数を擁する学会にまで急成長している．このことからも理解されるとおり，最近のわが国における臨床心理学分野の学会の隆盛と研究活動の活発さ，これと平行して心理臨床の実践および臨床フィールドの拡大発展は実に目覚しいものがある．

表1　アメリカ臨床心理学の主要雑誌一覧（創刊年）

1. Journal of Abnormal Psychology（1906）
2. International Journal of Psychoanalysis（1920）
3. American Journal of Orthopsychiatry（1930）
4. Journal of Personality（1932）
5. Journal of Personality Assessment（1936）*
6. Journal of Consulting and Clinical Psychology（1937）*
7. Journal of Clinical Psychology（1945）
8. American Psychologist（1946）
9. American Journal of Psychotherapy（1947）
10. International Journal of Group Psychotherapy（1951）
11. Journal of Counseling Psychology（1954）
12. Rehabilitation Counseling Bulletin（1957）
13. Journal of Humanistic Psychology（1961）
14. Family Process（1962）
15. Psychotherapy：Theory, Research and Practice（1963）
16. Behavior Research and Therapy（1963）
17. Journal of Personality and Social Psychology（1965）
18. Journal of Applied Behavioral Science（1965）
19. Professional Psychology（1969）
20. Journal of Applied Rehabilitation Counseling（1969）
21. Behavior Therapy（1970）
22. Journal of Behavior Therapy and Experimental Psychiatry（1970）
23. Journal of Community Psychology（1973）
24. Journal of Marital and Family Therapy（1975）
25. Journal of Psychopathology and Behavioral Assessment（1979）
26. Behavioral Assessment（1979）
27. Clinical Psychology Review（1981）
28. Journal of Systemic Therapies（1982）
29. Journal of Sandplay Therapy（1991）
30. The Person-Centered Journal（1994）

*創刊時の誌名とは異なる．現時点（2003）で示してある．

（大塚義孝．心理臨床大辞典．改訂版．東京：培風館；2004. p.8．）

d．関連する分野の動き

日本臨床心理士資格認定協会の設立と臨床心理士の誕生

　日本におけるこれに関連する分野の動きとしては，日本心理臨床学会をはじめ，日本精神分析学会，日本カウンセリング学会，日本交流分析学会，

日本家族心理学会，日本学生相談学会，日本箱庭療法学会，日本芸術療法学会などといった臨床心理学に関わる国内関係16学術団体が協力して，1988年に「日本臨床心理士資格認定協会」(1990年文部省認可財団)を設立し，わが国はじめての臨床心理士の資格認定を開始したことがあげられる．

　1988年12月，第1号の臨床心理士誕生以来，最近では毎年1,000人余の有資格者の臨床心理士が厳しい審査※を経て世に送り出されている．2005(平成17)年7月時点で登録されている臨床心理士は全国で13,253名(うち医師免許を有する者が421名)であったが，直近の2005年度新規最終試験合格者1,844名を加えるとその数は15,097名(2005年12月末現在)になる．同時にこれら臨床心理士を養成する指定大学院の数は全国・国公私立大学合わせて136校(2005年7月現在)にのぼっている．

　なお，日本臨床心理士資格認定協会による臨床心理士の資格はその専門性を維持向上させ，一定の質を担保するために，絶えざる臨床活動と研修活動の継続，そして常に研究・研鑽を怠らぬことを条件に5年ごとに資格認定の更新が行われている．また，これら臨床心理士の専門職能団体としては1989年日本臨床心理士会(会長：河合隼雄)が結成され，さらに全国47都道府県には各県ごとの臨床心理士会が組織され，会員の資質向上から倫理その他の問題まで幅広い活動が行われている．その後，2018年(法の成立は2015年)に「公認心理師」の名称で心理職の国家資格が制度化され，今日に至っている．

> ※臨床心理士の資格審査(認定試験)は，臨床心理学系の指定大学院修士課程を修了した者について，一次試験(マークシート試験，論文記述試験)と二次試験(面接口述試験)を課し，これに合格したものに資格の認定をしている．

2　臨床心理学の実践的展開

心理臨床の実践方法とその対象

1) 心理アセスメント

　心理臨床の実際いわゆる臨床場面における実践の方法としては一般的に，1) 臨床心理学的アセスメント(心理査定)，2) カウンセリングや心理療法の

実施, 3) コンサルテーションおよびコミュニティへの介入・サポートなどがある.

臨床心理学的アセスメント（心理査定または心理診断）とは各種心理テスト, すなわちロールシャッハ テストやバウム テスト, SCTや種々の人格目録（パーソナリティ インベントリー）, 知能検査などを用いてその人の知的側面や人格の発達レベル, パーソナリティの特徴, たとえば自我の成熟度, 対人関係様式, 課題対処パターンなどを明らかにし, 問題の所在と対処のための「見立て」を行うことである.

この場合上記のような各種心理テストを活用するだけでなく生育歴や家族状況, 問題の背景や経緯などについて本人や家族らから状況を聴取したり, 面接を行った際のクライエントの立居振舞や服装などの印象も重要な情報源として役立てる. 具体的には以下のような観点と手順で面接やテストが行われることになる.

まず来談者はどのような問題を抱えているのか（＝主訴）, それはどのような経緯をたどって現在に至ったのか（＝来談動機や来所経緯）, これまで罹患した病気の有無（＝病歴）, 症状などを聴取し, これに生育歴, 生活歴, 家族状況, 対人関係, 性格などの情報を加え, さらに各種心理テストを実施し, その結果を総合して臨床心理学的アセスメントを行う.

これらの結果からクライエントの現実吟味能力, 欲求不満への耐性, 自我防衛のあり方, 適応パターンなどを把握し被験者のパーソナリティの統合性, 安定性, 柔軟性, 自我同一性の確立の度合い, すなわち自我形成における課題や発達レベル, 自我の成熟度やそのゆがみ, 偏り, 知的能力, 社会性の発達などについて総合的にみていく.

なお病理的な問題については, 病態水準の判断, すなわち行動異常や適応障害のレベルなのか, 神経症あるいは精神病レベルなのか, もしくは境界例に相当するケースなのかを査定し,「見立て」を行う.「見立て」とは診断と予後を含む全体の見通しのことである. クライエントの病態水準によっては精神科医の治療すなわち薬物療法などを併用しながらカウンセリングを行うのか, カウンセリングや心理療法だけでいくのか, あるいは環境調整や本人のサポートだけでいいのかなどの対応の方針がここで決まる. つまり治療契約後に行われる定期的な治療面接に比べてここでの面接や検査の施行は,

心理学的診断や見立てに重きがおかれるのがその特徴であるといえよう．

その結果，治療や支援が開始されるわけだが，治療や援助がこのような見立てに基づいて本人との自主的な契約によって行われるだけでなく，ときには主治医やそのほかの専門機関や関係者の依頼に基づいてカウンセリングや支援が開始される場合もある．

2）カウンセリングと心理療法

カウンセリングという場合，狭義には通常ロジャーズの人間性心理学に基づくいわゆる来談者中心主義の対話による方法，すなわち「じっくり話をきく」という方法を指す場合が多い．来談者中心療法とは非医師であったカール ロジャーズによって始められたもので，別名「非指示療法」とも「受容療法」とも称される．いわゆる人間に内在する尊厳と成長する力を信じ，主体性をもってクライエントが自ら自己選択する生き方を援助するためのカウンセリングの手法すなわち傾聴法である．

これに対して「心理療法」という場合，精神分析療法や箱庭療法，夢分析などいわゆる分析的心理療法を指す場合がある．広い意味でカウンセリングというときには，先の人間中心主義による来談者中心療法から交流分析，ゲシュタルト療法，論理療法，認知療法，集団療法，家族療法，内観法，自律訓練法，動作法やその他の種々の行動療法などまでをすべてひっくるめて，カウンセリングと総称することもある．ところが医療分野で「治療モデル」が念頭にあるときには心理療法といい，その他の教育・福祉・矯正分野などで「成長モデル」を意識しているときはカウンセリングといったり，両者の厳密な使い分け，定義は明確ではない．ときには精神分析的カウンセリングという使われかたすらある．また，人によっては「カウンセリング counseling」は健康な人の自己実現を助けるための援助技法であり，「心理療法 psychotherapy」は病的な状態にある人の治療技法である，とする人もある．いずれにせよこれら各種心理療法またはカウンセリングの具体的な技法・内容の展開などに関しては §3 に詳しく紹介されているので参照されたい．

3）コミュニティへのかかわり

臨床心理学の応用展開として最近新たに登場してきたのが，「地域援助」すなわちコミュニティへの臨床心理学的かかわりである．医療や保健の分野とは別に，これまでも社会生活のさまざまな局面，すなわち福祉や教育，司

法，矯正，産業分野などへの心理臨床家の関わりはあったのだが，最近特に臨床心理士に対する社会的ニーズが拡大し，学校臨床，HIV カウンセリング，自然災害や事件・事故時の緊急支援，DV，虐待などへの危機介入，被害者支援，PTSD などへの対応などが新たに求められるようになった．

これらはカウンセラーとして直接カウンセリングを期待されることから，関係機関・団体とのリエゾン ネットワークとしての機能，あるいは専門家同士の連携・協力・コンサルテーションといったさまざまな形での関わりに対するニーズの増大である．

このような具体的な例として，最近急速に展開が拡大している学校におけるスクールカウンセラーの活動について紹介しておきたい．

a) 学校現場におけるいじめ・不登校の増加とスクールカウンセラー派遣事業

1986 年東京都中野区の富士見中学の生徒 A 君がいじめによる自殺を遂げた．この事件は当時の社会に強い衝撃を与えた．それから 8 年経った 1994 年，今度は愛知県西尾市の東部中学 2 年生の B 君が級友のいじめを苦に命を絶った．B 君の遺書はいじめを再び社会問題化させる大きなきっかけとなった．国会の衆議院文教委員会は同年 12 月 8 日にこの事件に対する集中審議を開始し，翌 12 月 9 日には文部省（現文部科学省）が異例の早さで専門家による「いじめ対策緊急会議」を開催し，対応を協議した．

当時学校現場では，いじめに限らず不登校，校内暴力，テレクラ，援助交際，シンナーや薬物使用，高校中退などさまざまな児童・生徒の不適応行動，問題行動が続いていた．ちなみに 1991 年に 66,817 人だった小中学校における不登校は 1998 年には約 2 倍の 127,694 人に増加し，高校における中途退学者も 1998 年度で 111,372 人となっていた．

このような状況に危機感をもった当時の文部省は，1995 年 4 月から学校の外の心の専門家である臨床心理士らをスクールカウンセラーとして学校現場に派遣するという，これまでにない新しい試みを開始した．

文部省によるスクールカウンセラー派遣事業は当初「スクールカウンセラー活用調査研究委託事業」としてスタートしたが，2001 年からは国（文科省）の正規事業として全国すべての中学校にスクールカウンセラーを派遣することを目標に事業が拡大された．次にスクールカウンセラー事業の実際に

ついてみていきたい．

b）スクールカウンセラーとしての活動

当初，文部省（現文部科学省）初等中等教育局長の示した「スクールカウンセラー活動実施要項」によると，スクールカウンセラーの職務内容は概ね以下のようになっていた．

1) 児童生徒へのカウンセリング
2) カウンセリングなどに関する教職員および保護者に対する助言・援助
3) 児童生徒のカウンセリングなどに関する情報収集・提供
4) その他児童生徒のカウンセリングなどに関し各学校において適当と認められるもの

これをもう少しわかりやすくするために，日本心理臨床学会・日本臨床心理士資格認定協会・日本臨床心理士会の3団体による学校臨床心理士ワーキンググループのガイドラインを基に，筆者の考えを加えてまとめ直し補足してみると大体以下のようになる．

1) 児童生徒や父母に対する相談活動やカウンセリング
2) 学校現場の教師に対する助言・援助・サポート・コンサルテーション
3) 校内事例検討会，勉強会におけるコメンテーターや研修会の講師
4) 学校内の各種委員会への参画およびその他の校内活動への参加協力
5) 地域の関係者または関係機関との連携および学校内外におけるネットワークづくり
6) 学校内で起こる事件・事故への緊急対応および教職員のストレスマネジメント
7) 緊急時における危機対応のためのバックアップ体制づくり（外部の各県臨床心理士会や医師会，関係学会などとの連携）

以上のように，スクールカウンセラーは学校という場における単なるカウンセリングの提供者であるだけでなく，コンサルタントであり，コーディネーターであり，オーガナイザーでもなければならない．今少し広いコンセプトでいうならば，学校というコミュニティを中心にしつつ，それを取り巻く地域社会をも視野に入れたいわゆるコミュニティ サイコロジーの実践者

でなければならない．したがって学校を取り巻くコミュニティに介入し，関係者と関係資源を動員し，危機に対処できるさまざまな技法や方法論を駆使できるだけの能力が要求される．問題を抱える個人のみならず，クラスや学校，家庭や地域社会といった集団に介入し，集団のダイナミックスを有効適切に活用し，これを支え，変化させ，問題解決に資することができるように戦略的に働きかけていく視点と力と感性が必要であると考えている．しかし，これらの役割や機能は当然派遣されるスクールカウンセラーの経験・力量によって異なってくる．が標準的にはこれらのいくつかの機能が果たせるようにスクールカウンセラーは絶えず努力する必要がある．

　以上，学校というフィールドにスクールカウンセラーとして関わる場合の，コミュニティアプローチの仕方・方法の枠組みのいくつかについて紹介した．

〈名嘉幸一〉

2 臨床心理学的査定・診断(心理アセスメント)

心理アセスメントとは，臨床心理学の立場から人間の知的能力，発達レベル，性格特性，行動傾向などを測定したり，情報を収集したりすることである．

実施の目的は，得られた結果を心理的援助のために有効に活用することである．

心理検査がその代表的な方法であるが，面接法によっても行われる．

1 知能検査

知能検査 intelligence test は，個人の知能レベルを把握するための検査である．知能の定義や測定法にはさまざまな立場があり，多くの知能検査が開発されている．

a. 知能の定義

「知能とは，目的的に行動し，合理的に思考し，能率的にその環境を処理しうる総合的，全体的能力である」というウェクスラー Wechsler D の包括的な定義が広く受け入れられている．

b. 知能の構造

知能の構造についてはいくつかの仮説が示されている．

1) 2因子説

スピアマン Spearman CE は，知能にはさまざまな課題に共通して働く一般因子（G因子：general factor）と課題に応じて働く特殊因子（S因子：specific factor）が存在すると考えた．G因子は遺伝的に決定された知能であり，S因子は経験によって習得された知能を意味している．これを2因子説という（図6）．

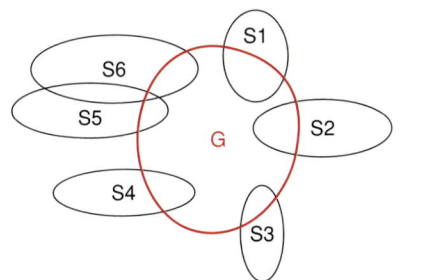

図6　スピアマンの2因子説
Gは一般因子，Sは特殊因子

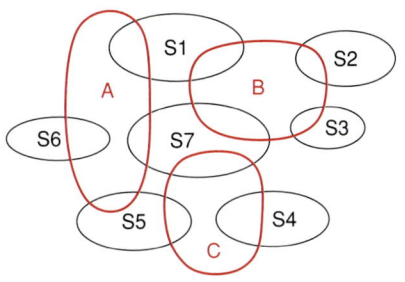

図7　サーストンの多因子説
A，B，Cは課題，Sは1次因子

2）多因子説

サーストン Thurstone LL は，数，空間，言語，知覚，記憶，推理，語の流暢性という7個の1次因子を考え，課題に応じてそれらのいくつかが協働すると主張した．これを多因子説という（図7）．

c. 知能検査の種類

1）ビネー式知能検査

フランスのビネー Binet A とシモン Simon T が作成した知能検査のことで，問題が年齢段階ごとにやさしいものから難しいものへと配列されている点が特徴である．今日までいろいろと改良が加えられており，日本版として標準化された鈴木ビネー知能検査や田中ビネー知能検査がある．

2）ウェクスラー式知能検査

ウェクスラーが診断性を加味して作成した知能検査のことで，6個の下位検査からなる言語性検査と5個の下位検査からなる動作性検査に分かれており，それぞれの知能レベルが測定できる（表2）．

成人用の WAIS（Wechsler Adult Intelligence Scale）のほかに，子ども用の WISC（Wechsler Intelligence Scale for Children）があり，それぞれ日本版が作成されている．

表2　WAISの構成

言語性検査	動作性検査
1. 知識	1. 絵画完成
2. 数唱	2. 絵画配列
3. 単語	3. 積木模様
4. 算数	4. 組合せ
5. 理解	5. 符号
6. 類似	

3）知能指数

ビネー式知能検査では，ターマン Terman LM が考案した知能指数（IQ: intelligence quotient）によって知能レベルが示される．

知能指数は精神年齢（MA: mental age）を暦年齢（CA: chronological age）と比較することによって得られる．

$$知能指数（IQ）= \frac{精神年齢（MA）}{暦年齢（CA）} \times 100$$

4）偏差知能指数

ウェクスラー式知能検査では偏差知能指数（D-IQ: deviation IQ）によって知能レベルが示される．これは同一年齢の集団のなかで，個人の検査得点がどこに位置するかを示すものである．

$$偏差知能指数（D\text{-}IQ）= \frac{15（個人の得点 - 母集団の平均点）}{母集団の標準偏差} + 100$$

2 発達検査

発達検査 developmental test は乳幼児において，標準的発達からのずれを把握するための検査である．感覚機能，運動機能，学習能力，社会性，言語，思考などを査定する．

検査には直接乳幼児の反応や行動をみる項目のほかに，親や養育者からの情報によって判断する項目などが含まれている．

発達レベルは発達指数（DQ: developmental quotient）によって示される．これは発達年齢（DA: developmental age）を暦年齢（CA: chronological age）と比較することによって得られる．

$$発達指数（DQ）= \frac{発達年齢（DA）}{暦年齢（CA）} \times 100$$

主な発達検査には愛研式，津守式，遠城寺式（図8）などがある．

3 性格検査

性格検査 personality test は個人の性格特性を把握するための検査である．それぞれの性格理論に基づいて作成され，標準化されている．

実施方法や形式の違いにより，質問紙法，作業検査法，投影法の3つに

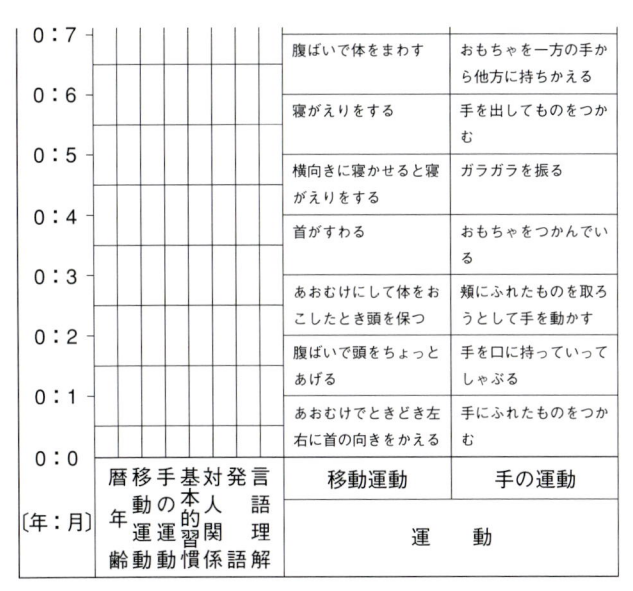

〔年：月〕	暦年齢	移動運動	手の運動	基本的習慣	対人関係	発語	言語理解	移動運動	手の運動
0:7								腹ばいで体をまわす	おもちゃを一方の手から他方に持ちかえる
0:6								寝がえりをする	手を出してものをつかむ
0:5								横向きに寝かせると寝がえりをする	ガラガラを振る
0:4								首がすわる	おもちゃをつかんでいる
0:3								あおむけにして体をおこしたとき頭を保つ	頬にふれたものを取ろうとして手を動かす
0:2								腹ばいで頭をちょっとあげる	手を口に持っていってしゃぶる
0:1								あおむけでときどき左右に首の向きをかえる	手にふれたものをつかむ
0:0								運　　　　動	

図 8　遠城寺式発達検査表（九大小児科改訂版）[1]（一部分）

大きく分類することができる．

a. 質問紙法　questionnaire

　質問紙法は被検査者に対して行動や態度，感情などを記述した多数の質問を示して，「はい―いいえ―どちらでもない」の3件法，あるいは「いつもそう思う―ときどきそう思う―まれにそう思う―そう思わない」の4件法などの形式で自己評価させるものである．

　多くの場合，質問が印刷された用紙に直接か，または別に準備された回答用紙に回答を記入してもらうようになっており，集団でも実施可能である．この質問紙法は実施が簡単であり，採点もしやすく，検査結果を客観的に把握できるため，一般に多く用いられている．

　しかし知的レベルの低い者や幼児など，自分を省みる力の乏しい者に対して実施することは不適当である．

　また被検査者が無意識のうちに自分を良くみせようと社会的に望ましい方向に回答を歪めてしまいやすいという問題点もある．

1）YGPI®（矢田部・ギルフォード性格検査）

YGPI®（Yatabe-Guilford Personality Inventory）はアメリカのギルフォード Guilford JP らによる3種の性格検査をもとにして矢田部達郎・辻岡美延らによって日本人を対象に標準化がなされ，作成されたものである．

この検査は120個の質問項目からなり，12尺度で構成されている．

　　抑うつ性（D）　　　回帰性傾向（C）　　劣等感（I）
　　神経質（N）　　　　客観性欠如（O）　　協調性欠如（Co）
　　愛想の悪さ（Ag）　 一般的活動性（G）　のんきさ（R）
　　思考的外向（T）　　支配性（A）　　　　社会的外向（S）

これらはさらに，6因子にまとめられる．

　　情緒安定性因子（D，C，I，N）　社会適応性因子（O，Co，Ag）
　　活動性因子（Ag，G）　　　　　　衝動性因子（G，R）
　　内省性因子（R，T）　　　　　　 主導性因子（A，S）

検査結果のプロフィールの類型によって，下記のように判定される．

　　A型（平均型）　　　B型（不安定積極型）　　C型（安定消極型）
　　D型（安定積極型）　E型（不安定消極型）

　　上記の準型または混合型

成人用，高等学校用，中学校用，学童用が作られている（図9）．

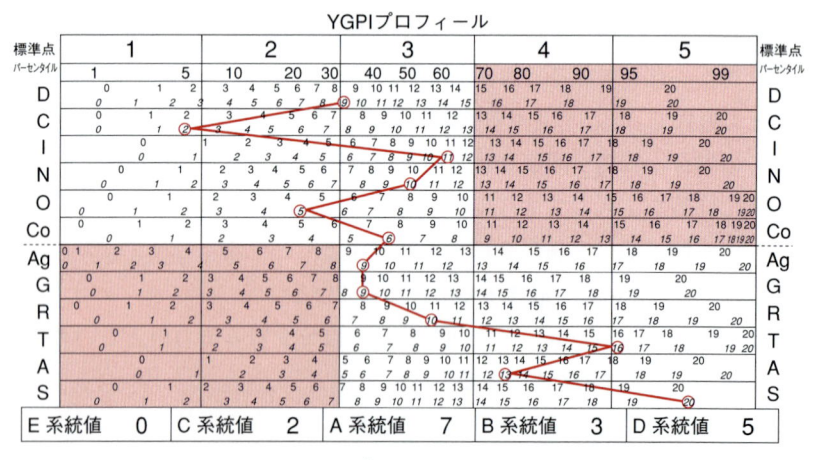

図9　YGPI®プロフィールの例[2]
（YGPIは，日本心理テスト研究所株式会社の登録商標です）

2) MMPI（ミネソタ多面人格目録）

MMPI（Minnesota Multiphasic Personality Inventory）はミネソタ大学のハサウェイ Hathaway SR とマッキンレー Mckinley JC が共同して作成した，心理診断的機能をもっている検査である．550個の質問項目は精神医学的問診をモデルとしており，生活面，行動面，態度面，身体的・精神的徴候面など広い範囲の内容からなり，性格をさまざまな角度から測定することをめざしている．

この検査の特徴は妥当性尺度4尺度と臨床尺度10尺度をもっていることである．

＜妥当性尺度＞
　疑問点（？）　　虚構点（L）　　妥当性得点（F）　　修正点（K）
＜臨床尺度＞
　心気症（Hs）　　抑うつ性（D）　　ヒステリー（Hy）
　精神病質的偏倚性（Pd）　　　　　　性度（Mf）
　偏執性（Pa）　　精神衰弱性（Pt）　精神分裂性（Sc）
　軽そう性（Ma）　社会的向性（Si）

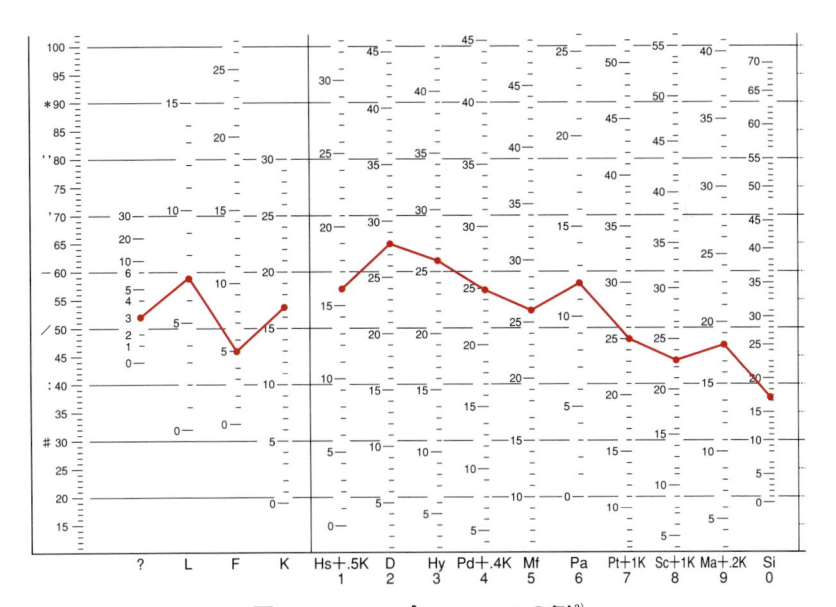

図10　MMPIプロフィールの例[3]

結果はプロフィールで表され，パターン分析が行われる．項目数が多いため実施や整理に時間がかかり，敬遠されがちであるが，採点盤の使用やコンピュータによる自動解釈などの工夫が進められている（図10）．

3）エゴグラム

エゴグラム　egogram は，アメリカのバーン　Berne E がフロイトの精神分析をもっと理解しやすくて，活用しやすい方法として開発し直した交流分析に基づいて，デュセイ　Dusay JM が考案した検査であり，それをヘイヤー　Heyer NR が質問紙法エゴグラムとして開発した．

この検査は，批判的な親（CP），養育的な親（NP），大人（A），自由な子ども（FC），順応した子ども（AC）という5つの自我状態にそれぞれ対応した5尺度からなっており，検査結果は個人のもつ5つの自我状態の強弱が棒グラフあるいは折れ線グラフによって表される．この性格パターンをみることにより，自分自身への気づきを起こさせ，性格の偏りや歪みを知り，これらを補正・修正する手がかりを得るのである．

日本では杉田峰康らによるエゴグラム　チェック　リスト（ECL）や，石川

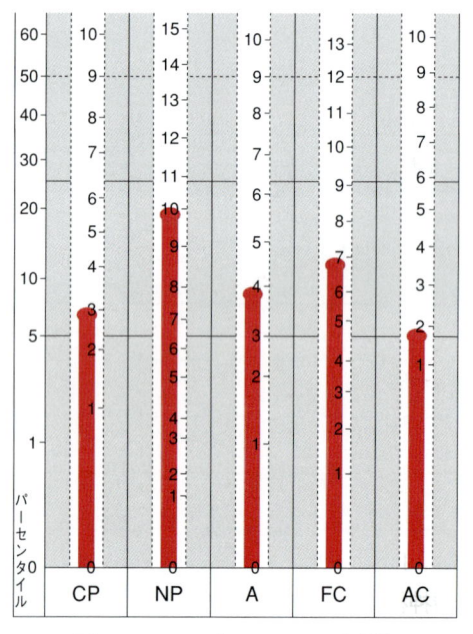

図 11　TEG プロフィールの例[4]

中らによる東大式エゴグラム（TEG）などが考案されている（図11）．

4）EPPS

EPPS（Edwards Personal Preference Schedule）は，人間の複雑な行動を欲求と環境の圧力との関係から理解しようとするマレー Murray HAの欲求-圧力理論に基づいて，アメリカのエドワーズ Edwards AL が作成した検査である[5]．

下記の15個の欲求について，その強さの程度を測定するものである．

達成，追従，秩序，顕示，自律，親和，他者認知，救護，支配，内罰，養護，変化，持久，異性愛，攻撃

回答時の社会的望ましさの影響を取り除くために，社会的望ましさの値が等しい2つの項目を一対として示し，自分の気持ちにより近いどちらかを選ばせるという強制選択法を用いているところに特徴がある．

全部で225個の対でできており，結果は偏差値，パーセンタイル，プロフィールで表される．この検査は健常者がもっている性格特性を多くの面から把握しようとするもので，学生相談や職業ガイダンスの資料として用いられることが多い．

大学・成人用，高校生用，中学生用，小学生用がある．

b. 作業検査法　performance test

作業検査法は被検査者に一定の材料を与えて作業をしてもらい，そのときにみられる行動や作業経過，あるいは結果から性格をとらえようとする方法である．この方法は被検査者がその仕組みや目的をよくわからないまま受検していることが多いので，自己防衛的になることが少なく，したがって本人が意識していない内面的な特性あるいは実際的な性格が明らかにされることが期待できる．

しかし，この作業検査法は限られた材料で，実験的に条件が定められた場面において実施されることから，性格の比較的狭い面しか明らかにできないという批判もある．一般に用いられている作業検査はそれほど多くなく，ほとんどの場合，内田クレペリン精神検査が使用されている．

内田クレペリン精神検査

この検査はドイツのクレペリン Kraepelin E の連続加算による精神作業

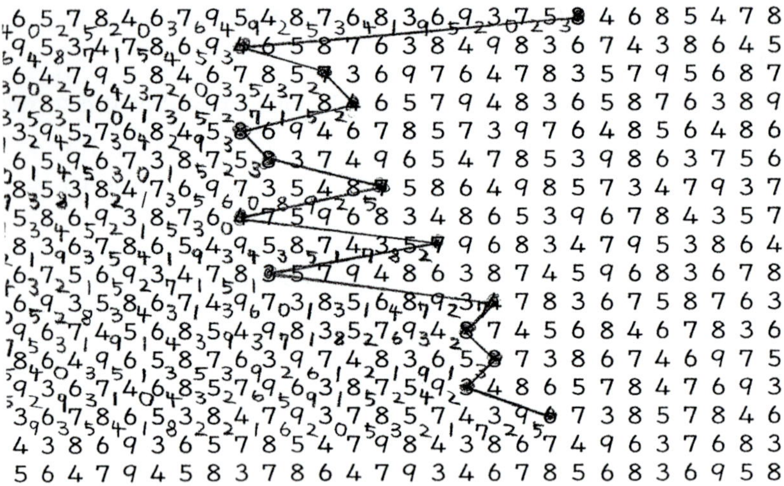

図12 内田クレペリン精神検査[6]の例（一部分）

研究をもとにして，内田勇三郎が独自に発展させ，標準化したものである．被検査者に作業をさせると，意志緊張，興奮，慣れ，練習効果，疲労という5つの因子が互いに働き合い，被検査者の精神状態に応じて作業量が独特の曲線を示すという考え方が基礎となっており，この曲線のパターンを検討し，性格を判定しようとする検査である．

　実施方法は，多くの数字が横に，何行も並べられている用紙を使い，まず各行1分間の加算作業を15分間行わせ，休憩5分間の後，さらに15分間作業を行わせる．そして各行の最終到達点を線で結び，作業曲線を得るのである（図12）．

　この検査では仕事の処理能力，積極性，意欲，行動ぶりなど意志的な能力を中心とした性格傾向が測定されるが，判定に検査者の主観が入りやすい点や診断の妥当性への批判もある．しかし，小学生から成人まで適用でき，集団施行が可能で，結果処理も簡単であることから，広い分野で用いられている．

c. 投影法　projective technique
　投影法は，あいまいでばく然とした刺激を被検査者に示し，それをどの

ように受けとめ，どのように意味づけし，どのように表現するのかを分析する方法である．それらの反応の中ににじみ出てくる，本人自身も自覚していない心の深層にある欲求，葛藤，行動の傾向，思考様式，性格の歪みなどを把握しようとするものである．

投影法は質問紙ではとらえられない，内面で動いているエネルギーや作用している力などを明らかにすることができる．

しかし，実施，分析，診断には充分な訓練と臨床心理学的教養とセンスが必要であり，集団では適用しにくいことなどから手軽に行うことができない．また，臨床的経験に基づいて分析を進めることが多く，より所となる理論が不明確なものもあり，解釈に検査者の主観が入りやすいなどの批判はあるが，多くの心理臨床家から支持され，活用されている．

代表的な投影法の検査を以下に紹介する．

1）ロールシャッハテスト

このテストはスイスのロールシャッハ Rorschach H によって考案された検査で，さまざまな事物・人物・生物・植物などに見立てることのできるインクブロット（インクで作ったしみ）を印刷した 10 枚の図版を順序よく被検査者に示し，これらに対する自由な反応について多方面から検討を加えて性格を明らかにしていくものである．図 13 にインクブロットの類似例

図 13　インクブロットの類似例

を示した．

　検査の実施は，まずブロットに対して「何にみえるか，何に似ているか」と反応を求め，次にその出された反応の全てについて質疑を行い，感想などを述べさせて終了する．これらの反応は，ブロットのどこに反応したかという反応領域，どのような特徴に反応したのかという反応決定因，何をみたのかという反応内容，ブロットと反応の一致度である形態水準，反応の平凡性などについて記号化され，集計・採点される．

　解釈は，各記号の数，記号間の比率，反応時間，反応数などに与えられた解釈仮説を基本にし，検査時の態度，言葉使い，認知の流れ，などの情報も総合して性格像を浮き彫りにしていく．被検査者の知的側面，適応や成熟度，情緒の安定性など，性格の一般的・基本的な面をとらえることができる．実際の臨床現場において，使用頻度の高い投影法の1つである．

2）TAT（主題統覚検査）

　TAT（thematic apperception test）は，ある場面を描いた絵に対して作られる空想的な物語の内容から性格の特徴を明らかにしようとする検査で，アメリカのマレーとモーガン　Morgan CD によって開発されたものである．

　空想を引き出すようなあいまいな状況を描いたいくつかの絵の中から，被検査者の性別や年齢に応じて何枚かを選んで示し，その絵の状況を中心

図14　TAT 図版[7] の例（部分）

図 15 CAT 図版[8] の例（部分）

に過去，現在，未来にわたる物語を作らせる．作られた物語については主人公の欲求・感情，環境の圧力，行動の結果などを分析し，主人公に同一視する被検査者自身の意識的・無意識的欲求や葛藤，対人関係，行動様式などの性格特性を把握しようとするものである．

日本ではマレー版のほかに早稲田版，精研版（図 14），名大版などが作成されている．また子どもが物語を作りやすいように人物の代わりに動物を登場させた TAT の幼児版である CAT（children's apperception test）も考案されている（図 15）．

3）SCT（文章完成法テスト）

SCT（sentence completion test）は未完成の文章を刺激として示し，この刺激から連想される内容を書き加えて，文章を完成させる形式の検査である（図 16）．ドイツのエビングハウス Ebbinghaus H が知的統合の能力を調べたことに始まるといわれており，その後多くの研究者達が性格検査として発展させてきた．

刺激の内容は大部分が被検査者の心的・環境的状況をできる限り広く把握しようと意図しており，性格傾向，他人や社会への態度，生育史的条件，

```
5   家の人は私を _____

6   私が得意になるのは _____

7   争い _____

8   私が知りたいことは _____

9   私の父 _____
```

図 16　SCT[9]（一部分）

現在の問題や将来の目標などに触れる刺激文を用いている．

　言語を用いるため，文章を完成できる能力をもっている者にしか使用できないという制限がある．

4）バウムテスト（樹木テスト）

　バウムテスト　Baumtest はコッホ　Koch K が考案した描画テストで，「実のなる木」を描かせるものである．

　描かれた樹木の形を分析し（形態分析），鉛筆の動きを観察し（動態分析），紙面における配置（空間象徴）の意味を読み取ることで，被検査者の知的水準，成熟度，行動様式，生活空間における個人のあり方などをとらえようとする．

5）HTP テスト（家屋・樹木・人物描画テスト）

　HTP テスト（house-tree-person test）はバック　Buck JN によって考案された検査で，家屋・樹木・人物をそれぞれ 1 枚の紙に描かせ，これらの描画から被検査者の内面を明らかにしようとするものである．

　家屋画には家族関係，生活についての感情や態度，樹木画には個性，自己への態度，人物画には自己像，社会への態度などが反映されやすい．解釈は，描画の調和や構造などを検討する全体的評価，位置，サイズ，筆圧，陰影，省略などを検討する形式分析，文化的意味や象徴的意味などを検討する内容分析の 3 つに基づいてなされる．

　この検査は投影法の中でも比較的簡単に実施ができ，言葉では表現できない意味や無意識レベルの内界をとらえることができるという良さがある．

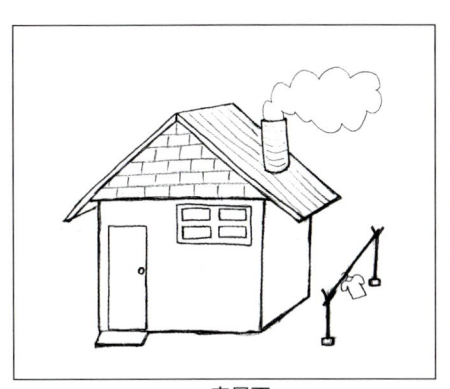

　　　　a　家屋画 　　　　　　　　　　b　樹木画

　　c　人物画（男性） 　　　　　　　d　人物画（女性）
図 17　HTPP テストの例

　なお，この検査から発展したものとして，マッコーバー Machover K の男女 2 枚を描かせた方法を応用した高橋雅春の HTPP テストや，3 つの課題を 1 枚の中に含めて描く中井久夫らの統合型 HTP テストなどがある．図 17 に HTPP テストの例を示した．

6）P-F スタディ（絵画欲求不満テスト）

　P-F スタディ（picture-frustration study）はローゼンツワイク Rosenzweig S が作成したテストで，被検査者に日常的な欲求不満の場面を

図18　P-Fスタディ[10]（一部分）

イラストで提示し，それへの反応を記入させるものである（図18）．

下記の項目について，被検査者の特徴を力動的に把握しようとする．

欲求不満における反応の型：障害優位，自己防御要求，固執

攻撃の方向：外罰，内罰，無罰

一般的社会適応性　group conformity rating（GCR）：被検査者の年齢に応じた，常識的な方法で適応できるかを示す指標

d. 性格検査の活用

心理臨床や精神科医療の現場においては患者やクライエント理解のために心理検査が活用されている．特に性格検査は被検査者の性格特性や認知傾向，適応状況などを把握するために用いられ，心理学的見立てや心理診断を行うための有効な資料となる．

性格検査の結果から得られた臨床的所見について検査者と被検査者が話し合い，その中で被検査者が自己理解を深め，心理的成長を手に入れていくことが重要である．

4 その他の心理検査

a. STAI（状態・特性不安検査）

STAI（state-trait anxiety inventory）はスピルバーガー Spielberger CD が開発した検査で，状況によって発生する状態不安と慢性的な特性不安という 2 種類の不安を測定するという特徴がある．水口公信らによって日本版 STAI が標準化されている．

b. SDS（うつ性自己評価尺度）

SDS（self-rating depression scale）はアメリカのツァン Zung WWK によって開発された，うつ状態を自己評価するための検査である．

憂うつ感，睡眠，食欲，将来への希望，充実感などについて 4 件法で回答する．

福田一彦・小林茂雄によって日本版が標準化されており，うつ病のスクリーニングテストとして利用されている．

5 テストバッテリー　test-battery

心理アセスメントの目的や被検査者の心理的・身体的条件を考慮に入れたうえで数種類の心理検査を組み合わせることをテストバッテリーという．

検査者は各心理検査が得意とする分野や適応範囲などを考慮し，最適な組み合わせでアセスメントを実施する．

たとえば性格検査であれば，質問紙法と投影法をそれぞれ 2 種類程度組み合わせ，それらから得られた結果を統合し，所見をまとめるのである．

6 面接法

対象者の課題や問題点，健康度，処理能力などを面接によってアセスメントする方法である．一般的には「インテーク」「受理面接」などとよばれており，50 〜 90 分程度の面接を 1 〜 3 回ほど実施する．

面接では対象者の問題歴，生育歴，家族構成，対人関係，社会的環境などの概要を把握し，整理する．

面接によるアセスメントを行う際には，以下の点に留意することが重要である．

1) 対象者の話を傾聴し，受容し，共感的な態度で接する．
2) 対象者の表情，態度，表現の仕方などにも注目する．
3) 対象者が自分自身の内面をみつめ，率直な表現ができるように，対話を工夫する．

7 臨床心理士の専門性

精神科の病院や医療施設においては，さまざまな専門職者が協力しあって，チームで医療を行っている．コメディカルスタッフである臨床心理士やカウンセラーは，心理アセスメントで把握された患者の特徴や状態像，現実検討力や知的レベルなどを直接，カルテに記録したり，レポートにして提出したり，あるいは口頭で報告したりして医療スタッフに伝え，活用してもらうことが重要である．

たとえば医師は自分が担当している患者の病名の診断，薬物の種類や量の調整，入院患者ならば外出・外泊や退院の検討など，責任が伴ってくる重要な判断を常に迫られているため，その判断の手がかりになる患者の情報はありがたいものである．また，看護師は担当している患者の立場に立った看護を実践していくために，患者の心理状態，知能，生活能力などの情報を必要としている．

臨床心理学の立場から，じっくりと患者に関わり，充分に時間をかけて行った心理アセスメントは，医師や看護師だけに限らず医療チームの他のメンバーにも大いに役立つはずである．医療現場で働く臨床心理士やカウンセラーは医療チームの共同作業の中で，独自性や専門性を発揮できる実力を身につけておく必要がある．

●文献
1) 遠城寺宗徳．遠城寺式・乳幼児分析的発達検査表（九大小児科改訂版）．東京：慶應義塾大学出版会．
2) 辻岡美延・矢田部達郎・園原太郎．YGPI®．大阪：日本心理テスト研究所．
3) ミネソタ大学．MMPI 冊子式記録用紙（II 型）．京都：三京房．

4) 東京大学医学部心療内科 TEG 研究会, 編著. 新版 TEG（東大式エゴグラム）. 東京: 金子書房.
5) 肥田野直・岩原信九郎・岩脇三良・杉村　健・福原真知子, 訳編. 大学・一般用 EPPS 検査用紙. 東京: 日本文化科学社.
6) 内田勇三郎. 内田クレペリン精神検査（標準型）. 東京: 日本・精神技術研究所.
7) 佐野勝男・槇田　仁. 精研式 TAT 主題構成検査図版―成人用―. 東京: 金子書房; 1961.
8) 戸川行男・本明　寛・松村康平・小島謙四郎, 編. 幼児・児童絵画統覚検査図版　CAT 日本版. 東京: 金子書房; 1955.
9) 佐野勝男・槇田　仁. SCT. 東京: 金子書房.
10) ローゼンツワイク原著, 住田勝美・林　勝造・一谷　彊, 改訂. P-F スタディ成人用. 京都: 三京房.

<渡久山朝裕>

3 臨床心理学的援助

A 心理療法の歴史と成り立ち

1 心理療法とはどのようなものか

　臨床心理学的な援助の中心は，心理療法 psychotherapy（精神療法も同じ）とよばれる方法である．それでは，心理療法とはいったいどのようなものであろうか？　まず，療法というからには，何か病気をもった人や障害者を対象とし，それを治し，回復させる行為であるようにみえる．しかし，症状もなく，病気とはいえないような一般的な心の悩み，苦しさ，不適応の状態から，性格の問題や，非行や犯罪者の問題行動までも心理療法の対象になる．病気や障害からの治癒や回復というだけでなく，医学的には治るみこみのない状態でも，ある程度の意思の疎通が可能なら，心理療法による援助は行うことができる．そして，その目標も，治癒，回復，健康の維持，心の問題の解決，対人関係の調整，青少年の健全育成，人間としての成長など多様である．また，心身相関の考え方をすれば，心への働きかけが，身体疾患の治療にも結びつくことになる．このように，心理療法を定義しようとすると，たちまち我々は困難な問題に直面することになる．そもそも，セラピーの語源であるテラペイアは，「世話をする」「看病する」「仕える」「奉仕する」といった広い意味をもっているが，まさに，こうしたセラピーのもつ全人的で豊かな意味を，心理療法はその内側に擁している．

　また，心理療法の方法とその範囲を定義づけることも難しい．心理療法は心理的な手段を用いる行為であるといえるだろう．しかし，受けとりかたによっては，祈祷，祈願，慰霊，祓い，清めなど宗教的な手段も，心理的な手段ということになってくる可能性がある．実際，宗教の行為でも，瞑想や悔悟，告解など，心理療法の方法と構造的に近いものもある．また，

障害児の治療的訓練など，教育的な方法も，心理療法との境界線はつけがたい．また，統計的に有意差のあるような客観的効果の認められる方法だけが心理療法といえるのか，それともクライエントが主観的に満たされ，受け止められたと感じる方法であればそれでよいのか，強制的な方法も加えてよいのか，契約関係は必要条件なのかなど，方法をめぐる考え方も多様である．さらに，行為者は専門家でなければならないのか，自助グループのように同じ病や悩みをもつ人同士の対話は心理療法とはよべないのかなど，心理療法の範囲を限定すること自体，たいへんな作業であることがわかる．

そこで，ここでは心理療法とはどういうものかを考えるに際して，この言葉を厳密に定義づけることよりも，その起源や成り立ちを考えながら，対人的な援助の行為の一つとしての心理療法の特徴などを明らかにしていくことにする．

2 心理療法の成り立ち

a. 呪術，シャーマニズム

呪術的な思考

すでに亡くなった人の霊がある人にとりついたり，いろいろな災いをもたらしたり，反対に生きている人の守護霊となったりするという考え方は，現代人でも広くみられる考え方である．また，無生物の世界や世界のいたるところに生命が宿っているという考え，この世界が神秘的で超自然的な意志によって動かされているという考えがあり，そうした超自然的な存在と特別な方法でコミュニケーションがとれるという考えなども決して珍しいものではない．つまり，ものごとを合理的に考える習慣が身についているはずの現代人の思考の根底にも，こうした神秘的な思考が潜んでいる．このような思考をフロイト　Freud S は呪術的思考　magical thinking と名づけ，その背後には思考の万能があり，強迫神経症の症状形成にも関係しているとしている．

実際，我々は人が亡くなったとき，その死者と関係のあった人々が集まり，弔い，供養し，喪に服し，追悼する．そうしたとき，その人についての記憶が，人々の中に残っているというだけでなく，人が亡くなって肉体

は滅んでも，その人が生きていた精神や魂の部分はまだどこかに存在しているはずであるという確信は，古今東西を問わず，人類にとって最も普遍的な考え方の一つといえるであろう．そのために，亡くなった人の霊を弔い，供養することを目的とした宗教行事によって，死者の霊を慰めると同時に，その霊が他の人々の生活に悪い影響を与えないようにしようとする．すなわち，病気，災害，困窮などの生活苦などにも，人間の目にはみえない超自然的な力や霊魂の働きが関係し，影響を与えていると信じる人は多く，超自然的な存在に祈願し，人間の願いや意志を伝えようとする行為が行われるのもそのような考えがあるからだといえる．

エレンベルガー Ellenberger HF（1970）は，原始的な精神療法について整理している．彼によれば，原始的治療の疾患説として，まずあげられるのが，疾患物体の侵入説で，旧石器時代の初期から行われてきたと考えられている．すなわち，病気とは，骨片，小石，伐材，小動物など有害な異物が体内にあるために起こるという考え方で，その有害な物体が魔法使いによって打ち込まれたというように，物体そのものというより，その物体のもっているエッセンスが問題となる場合が多いようである．

こうした疾患物体が疾病の原因だとすれば，その物体の摘出が治療の方法ということになる．その場合，不思議なことにたいていの場合は呪医（シャーマン）が自分の口で疾病物体を吸い出す方法と特に結びついており，たとえば，血に染まった虫のようなもののように患者が思いもよらないものを体内から取り出してみせることが多いという．現代人の目でみれば，呪医は一種のトリックを使ってみせかけているような場合が多く，魔術的な身振り，ドラムによる演出など，劇的で儀式化されたクライマックスに呪医が病気の正体を取り出してみせるという構造が多い．

次に，魂が自然に，あるいは偶発事故などにより，身体を立ち去ってしまったために病気が起こるという考え方がある（霊魂亡失説）．亡霊や魔術師などに魂が盗まれるという場合もある．こうした考え方は，旧石器時代の後期からみられると推測されている．人間は，自分の内部にいわば自己の複製のようなものをもっていると考えられ，この複製，すなわち霊魂が身体を離れさまようことができるというものである．たとえば，眠っているときには，魂が肉体を離れた状態になっているので，不用意に起こされ

ると魂は道に迷い，持ち主から離れたままになってしまう．そのとき邪悪な霊につかまってしまうこともあるという．そして，このように霊魂が離れ，さまよった状態が病気の状態であるとするならば，呪医（シャーマン）は，特殊な技術を使って自分自身が脱魂状態（エクスタシー）に入り，消えうせた魂の行方を探して取り戻し，持ち主である身体の中にちゃんと収めることが役目になる．すなわち，シャーマンが脱魂状態にある間，シャーマンの魂は精霊たちの住む世界を旅して，狩人が獲物を追い求めるように，行方不明の魂をかぎつけ追跡すると考えられる．

また，悪霊が患者の中に入り込んで体を"乗っとる"ために病気が起こるものとする憑依説が西アジアを中心に広まっていたと考えられている（憑依説）．治療法としては，機械的に精霊を追放する方法，精霊を他のものの身に移す方法，呪文をはじめとする精神手段で精霊を駆逐する方法などがある．

さらに，タブーの侵犯をはじめ，さまざまの戒律違反の結果として病気が起こると考えられ，ときには死に至る場合がある．つまり，病気とは罪に対しての罰であるという考え方であり，病気の治療や心の平安のために，告解という手段が用いられる（タブーの侵犯と告解）．

さらに，郷愁や恋愛など，望みつつ満たされないままの願望が病気の原因に一役買っているという考えかたがあり，そのような願望をかなえることができれば，病気はよくなるということになる．

これらの，古代の呪術や霊魂への信仰に基づく治療には，いくつかのパターンがあるとエレンベルガーはいう．まず，原始治療は，治療自体が一つの儀式と化しているということが特徴で，儀式による治療はいくつかの特徴をもっている．それは，集団で行われることが多いこと，劇的な構造をもっていること，何らかの神話と結びつき，それが反復・再現されていること，歌曲，儀礼，衣装などにより，美的な効果をもっていること，病気の原因と考えられたものが別のものに移しかえられること，治療後患者であったものもその集団を支えるようになることなどである．

また原始治療の2番目のパターンとしては，インキュベーション（参籠）がある．これは，"大地にじかに身を横たえる"という意味をもち，患者は一夜を洞窟の中で，大地にじかに横たわる．すると，たいてい夢幻をみて

治る，という．

　さらに，催眠術や呪術による治療ということが，原始治療を特徴づける．呪術とは，「人間が自然に対して行使する不適切な力の技術であり，科学の誤った先取りの一つである」とも定義される．科学的な技術が，中立的なものであるのに対して，呪術は，"よい呪術"と"悪い呪術"に二分され，悪い呪術が病気を生み出し，よい呪術が病気を治すと考えられている．この効果として，プラセボーの効果，テレパシーなど超心理学的な力，催眠，トリック，暗示の効果などが考えられている．

　しかし，重要なのは，現在の催眠術のように，意図的に一つの技法として用いられるのとは異なり，儀式などに付随して催眠の状態が作り出され，それが治療としても効果を発揮すると考えたほうがよいということである．すなわち，シャーマンなど原始的治療者の行う治療では，シャーマンが患者に個人的に催眠などをかけるというよりも，シャーマンが自らトランスに入り，患者と観衆にある儀式をみせつけ，その劇的な効果で治療が行われるという点である．これについて，レヴィ ストロース Lévi-Strauss C は次のようにいっている[10]．

"シャーマンは，患者を扱いながら，その場にいる人にある芝居をみせつける．それはどんな芝居だろうか．限られた観察を，軽率に一般化するのは危険だが，我々は次のようにいうであろう．この芝居は，常にシャーマンによる彼に対してなされた「よびかけ」，すなわち彼に，彼がシャーマンたるべき人間であるという啓示をもたらしてくれた最初の発作の反復なのである．しかし，芝居という言葉に欺かれてはならない．シャーマンはいくつかのできごとの再生や模倣で満足するのではない．彼はそれを，その激しさ，その独自性，またその荒々しさにおいて，現実に再び生きるのだ．そして，治療が終わると彼は正常な状態に帰るのだから，我々は精神分析から重要な言葉を借りて，彼は消散させるということができる．周知のように精神分析が消散とよぶのは，患者が，その障害をきっぱりと克服するのに先立って，障害の原因となった最初の状況を再び激烈に生きる決定的瞬間のことである．この意味で，シャーマンは職業的消散者なのである．"

　ここで，特徴的なのは，シャーマンが，自らの発作を反復するという指摘である．エリアーデ Eliade M[2] によれば，シャーマンがシャーマンにな

るためには 3 つの方法があるという. 1 つは,自然の召命,神の思し召しや選びによるもの,第 2 は,シャーマン的職能の世襲的伝達,第 3 が個人的探求や部族の意志である.そして,シャーマン自身がトランス状態の中で,その魂が天界を飛翔し,地上をさまよい,最後に冥界にいる死者のもとへと下降していく「エクスタシーの旅」を経験し,人々からは幾度となく死に,やがて生き返ることができる者であると信じられる存在になる.そこで,シャーマンになるためには,入巫儀礼を通して,死んでからまた生き返る技術だけではなく,魂がその肉体を離れ去ったときにどうすればいいか,未知の世界に対していかに対処するかを習得するのである.エリアーデは苛烈をきわめるシャーマンの入巫儀礼(イニシエーション)について,次のように要約している.

"要約すれば,シャーマンの入巫儀礼の重要な契機は次の 5 点である.第 1 に,その肉体の責苦と突如とした解体,第 2 にその肉を剝ぎ取って骸骨に還元されること,第 3 に内臓の取り替えと血の更新,第 4 に冥界で過ごす間に未来のシャーマンは死んだシャーマンの魂や「魔」から教育されること,第 5 に天上界からの性別を受けるために天界へ上昇すること,である."

このように,原始的治療者は自らがトランスの状態に入り,その状態で「あの世」を旅すると人々が信じるようなエクスタシーの状態を経験し,その技術を通して,「あの世」で起こっていると考えられることと患者(クライエント)の病気を結びつけ,「あの世」の問題を解決することで「この世」の症状も解消していく.精神分析などが,患者の症状の背景にある無意識となった個人的な意味を解読していくことを通じて症状を消失させ,患者を社会に適応させるのに対して,シャーマンの治療においては,患者の症状にその集団で共有されている神話体系を適用し,集団全体を再構成する.したがって,シャーマンなど原始的な治療者は,病気の治療を行うものという役割を担っていたが,それはむしろシャーマンの機能の一部であり,雨を降らせることから戦いを勝利に導くことにいたるまで幅広く住民の福利を図る者であったとされる.ときには,宇宙の起源や部族の歴史の知識をもつ吟遊詩人でもある.いずれにせよ,シャーマンは部族の長にも匹敵するくらい共同体の中で尊ばれていた存在であり,このことがまた治療を行う上でも力になっていたと考えられる.

エレンベルガーは，原始的治療と近代の医学における科学的治療との違いを次のようにまとめている[1]．

①原始治療の治療者は，その属する集団の最高人物であるが，科学的治療の治療者は専門家の一つである．
②原始的治療において，治療者は人格を通じて影響を与えるのに対して，科学的な治療者は非個人的なやり方で適用する．
③原始的治療者は心理的技法で身体病を治療することが少なくないが，科学的な治療では心の病気を科学的に治療することを重視する．
④原始的治療者の養成は長期にわたる徹底的なもので，自分が重症の感情疾患を体験し，これを克服してはじめて自分以外の人間を治せると考えられている．これに対して，科学的治療者の養成では，個人的な問題は考慮せず，合理的に行う．
⑤原始的治療者は，独自の教説と伝統がある一学派に属しているが，科学的治療者は科学の一分岐である一元的医学を土台とする．

今日の日本でも沖縄におけるユタの活動をみれば，このシャーマンの地域共同体における役割が理解できる．多くのユタは，不幸な人生を経験し，また巫病（カミダーリ）とよばれる病に冒され，それを克服するプロセスで先輩のユタに出会い，自分自身がユタになるべく運命づけられていること（サーダカウマリ）を確信する．このユタのネットワークにおいても，ユタが単独でクライエントの相談に乗るというわけではなく，ユタならではの養成システムの中ではじめてクライエントをとることができるようになる．また，クライエントの問題が，どれだけ個人的な問題でも，その問題が祖先の霊に関連する問題であるとされ，それを解決するためには，家族総出でしかるべき拝所（ウガンジュ）に赴き，拝む必要があるとされる．これは，霊的な存在に意味を与えるかどうかの違いはあるにせよ，現代の家族療法にも通じる技法である．このように，現在も地域社会と人々の霊的な信仰に支えられたシャーマニズムは存在しており，事実上現在でも心理的援助に近い役割を担っているともいえる．

b. 催眠術

次に，心理療法の起源としてあげられるのが，催眠術である．催眠 hypnosis とは，注意集中と一連の暗示的な操作によって導くことができる特有の状態であり，その意識状態は催眠トランス hypnotic trance あるいは単にトランス trance とよばれる．この状態は，意識がなくなったり，睡眠の状態にあるわけではないが，外界の状況に応じて注意を向けたり，自分からものごとを考え，判断する機能が低下した状態であり，意識の狭まった状態の一つと考えられる．その反面，人から容易に暗示を受けやすくなる傾向（被暗示性）が強まり，同時に感覚，知覚，運動，記憶，思考，感情などが通常の意識の状態とは異なる状態で現れやすくなる．また，催眠から覚めたときには，催眠中に体験したことを覚えていないこと，つまり，健忘を残すことも特徴の一つである．このように，催眠の状態は，単に意識の狭まりがあるというだけでなく，通常では体験しにくい非日常的な意識の状態になることから，これを変性意識の状態ともよんでいる．

　催眠は，健康な成人では 75〜95％，子どもではさらに高い割合で導入できるといわれており，さほど特別な状態ではない．通常，催眠に導入するためには，まず，催眠について充分な説明を行い，治療者との信頼関係や関係作りを行う．続いて，身体的な筋肉の弛緩から心身のリラックスした状態を導き出し，光や音，身体感覚やイメージに注意を集中する訓練を経て，催眠状態に導く．また，その状態から元に戻すには，解催眠とよばれる技術によってその状態から解いていく．

　前述のように，すでに原始的治療者たちも自らトランスの状態に入り，また聴衆全体をも集団催眠の状態において治療を行っていたと考えられ，少なくともギリシャ時代には，催眠の技術が用いられていたことがわかっている．しかし，現代の心理療法につながるような治療法の一つとして催眠を用いたのは，ウイーンの医師メスメル Mesmer FA であるとされている．

　1774 年，当時イギリスなどで行われ始めていた磁石による治療法にヒントを得て，メスメルはさまざまな病的な発作に悩まされていた患者に対して磁石を用いて治療できないかを試した．患者に鉄分を含んだ薬を与え，体の胃部と脚部の 3 カ所に磁石を貼りつけた．すると，患者は自分の体に不思議な流体が通り抜けるのを感じ，症状が消失した．これをメスメルは，自分自身の中に蓄積していた流体が患者に磁気流を生じさせたと解釈し，動物磁気という名前をつけて発表した．今日では，その動物磁気は否定さ

れているが，メスメル自身が誤解をしたその効果は，暗示によるカタルシス効果としてとらえられ，メスメルの動物磁気は現代の催眠療法の祖と考えられている．

　その後，19世紀になって，リエボー　Liébeaut AAやベルネーム　Bernheim HM らが，フランスにおいてナンシー学派を形成した．また同じころ，パリではシャルコー　Charcot JM が，サルペトリエール病院の医長として，ヒステリーの研究に着手していた．シャルコーは，神経系損傷の結果として起こる器質性麻痺に対して，ヒステリー性麻痺，外傷後麻痺，催眠性麻痺などを力動性麻痺群，すなわち心因性のものとして区別し，そのことを催眠暗示による症状の消失や再現によって証明し，サルペトリエール学派を形成する．このように，シャルコーは，症例を限定し，治療というよりは実験に近い方法ではあったが，それまで器質的な疾患と思われていた疾患から，心因性の疾患を区別し，それに対して心理的な治療の方法として催眠術が有効であることを証明した．このことにより，催眠は，精神力動的な治療法としても，また研究方法としても独自の立場を占めることになる．このようにシャルコーがヒステリーの本質を催眠に求め，精神病理学的な研究を進めたのに対して，ベルネームは催眠をヒステリーの病態と結びつけて考えるよりも，催眠暗示の効果を重視した．心理療法 psychothérapie という言葉も，ベルネームらによって使われ始めたといわれている．その後，ベルネームとシャルコー両者のもとを訪れ，それぞれ影響を受けたフロイトが催眠術を改良し，精神分析 psychoanalysis を打ち立てていく．

　また，シャルコーに学んだジャネ　Janet P も，精神自動症などの病態を精神病理学的に明らかにし，神経症をヒステリーと精神衰弱に大別する．さらに，心理分析の方法により，意識下の心性や心的エネルギーについて，精神分析に匹敵する独自の理論体系を構築していく．

c. 自由連想法と精神分析

　フロイトは，1856 年 5 月 6 日，モラビア（現在のチェコ）のフライベルクで生まれた．父親は羊毛の商人で，再婚であった．異母兄弟の 2 人と，下には 5 人の妹と 2 人の弟がいた．フロイトが 4 歳のときに，ウィーンに移り，以後ウィーンに在住し，1881 年には，ウィーン大学で医学博士の学

位を取得する．その後，ウィーン総合病院に勤務し，神経系統の器質的障害について研究する．1886年に結婚，また開業して神経症の治療活動も始める．その開業による神経症の治療の実践から，精神分析療法とその理論的体系である精神分析学が創始される．そして，82歳のときに，ナチスによるユダヤ人迫害から逃れるため，末娘のアンナ フロイトとともにロンドンに亡命し，翌年，1939年に癌のために83歳で死亡した．

　フロイトは，若いころから催眠が心理的な問題の底に横たわっている理由の発見に役立つと信じていた．1885年，彼はその当時すでにヒステリーの研究に催眠を用いていたシャルコーの下に1年にわたり留学し，催眠を学んだ．帰国後，ブロイアー Breuer J とともに，ヒステリーの治療と研究に従事し，「ヒステリーの研究（1895）」を著すようになる．ブロイアーは内科医であり，この当時すでに催眠を用い，患者に心的な外傷を生じさせている体験を思い出させ，そのときに生じている情動を表現させるという方法を用いていた．これが，浄化（カタルシス）法である．

　しかし，次第にフロイトは催眠を用いて浄化（カタルシス）法を行うことに疑念を抱くようになる．まず，フロイトはヒステリーの病因としてそれまで重視されていた外傷にかわって，抑圧 repression という心理的なメカニズムが関与していることを仮定するようになる．すなわち，性的な衝動など，意識すると不安になる衝動や欲求などが抑圧され，無意識を生み出し，その無意識になった欲動がヒステリーなどの病因として作用するようになると考えた．また，フロイトは催眠浄化法そのものにも限界があると考えるようになった．つまり，催眠による効果は，多くの場合一時的なものにすぎないことや，その効果が治療者と患者との関係に依存していて，治療者との関係が悪化したり，接触がなくなるとその効果も失われることに気づいたのである．また，催眠からさめるとその腕を治療者に巻きつけるまでになる患者の観察などから，恋愛のような感情が治療者に向けられるようになる感情の転移 transference も研究の対象とするようになる．

　こうした問題を考慮して，フロイトは，まず「前額法」とよばれる新たな方法を試みる．これは，患者を仰臥，閉眼させ，「いつからこの症状が現れましたか」「原因はなんですか」など，症状に注意を集中させ，症状の起源についての質問をするという方法である．患者が何も思い出せないとい

うと，患者の額を圧迫し，「額を押さえた瞬間（押さえるのをやめた瞬間），何かがみえるか，思い浮かびます」という暗示を与える．

　しかし，この方法も充分ではなかった．フロイトは，この方法でもかえって患者の連想を妨げてしまうことを知り，結局，額の圧迫という方法を放棄する．さらに，目を閉じることを求めることもやめ，かわりにフロイトが患者からみえない位置に座るようにした．こうして，ついにフロイトはいっさいの強制をやめ，ひたすら「何でも頭に浮かんだままに話させる」という自由連想法に行き着き，1896 年には催眠法自体を放棄するようになった．フロイトが行っていたことの中で，自由連想法で残ったのは，仰臥だけであり，連想を左右する教示も連想の出発点なども与えず，次のような言葉だけが与えられる．

　「あなたが話を始める前に，一つだけいっておきます．あなたの話は一つの点で普通の会話と違うものでなければなりません．普通の会話の場合には，話の筋道をしっかりとらえて，それを妨害するような思いつきやつまらない考えは退けて，俗にいう百番目のことから千番目のことへと飛んだりしないようにする必要があるのですが，今の場合には，それと違ったやり方でやっていただくのです．あなたがここで話をしていると何らかの批判的な抗議が起こって斥けたくなるような種々の考えが浮かんでくるのを観察するでしょう．そしてあなたは，このこと，あるいはあのことは，ここでは全く重要ではない，無意味だ，だからそれをいう必要はないのだといいたくなるでしょう．しかしながら，決してそのような批判に屈してはなりません．そのような批判と戦ってください．そして，むしろそれをいうことにあなたが嫌悪を感じているからこそ，それをいっていただきたいのです．…(中略)…ですから，あなたは頭に浮かんだことを何でもそのまま話してください．…たとえどんな理由があろうと，それを話すことがどんなに不愉快であるからといって，それを飛ばしたりしてはなりません」[5]．

　治療者は，「禁欲原則」[6] とよばれる中立的な立場を堅持する．そして，「平等に漂う注意」[4] を患者の自由連想に向け続けることで，無意識の中に抑圧された，過去の外傷体験，欲動の表象代理などを見きわめようとする．つまり，原始的な治療者の立場や催眠暗示を用いる治療者が患者に対して能動的で強制的な立場にあるのに対して，自由連想法において治療者は患

者に対して全く受身の立場に立ったということである．これは，それまでのどの治療者にもなかった態度であり，近代的な心理療法の一つの原点である．

　しかし，精神分析療法においても，患者に対しての能動的な介入がないわけではない．自由連想法によって精神分析治療を進めていくと，初めのうちはすらすらと連想が進み，たいていの場合，治療者に対しても協力的な姿勢でいる．しかし，やがて患者は，これ以上思いつくことはない，何も浮かんでこないといったり，たじろいだり，沈黙したり，場合によってはセラピーの時間に決まって遅れてくるようになる．これこそ，重大な記憶の想起を先に延ばそうとする抵抗 resistance の表現であり，治療への協力に逆らおうとする患者には意識されていない力の現れである．

　この抵抗に注目することで，本人が意識したくない記憶を無意識にとどめておこうとする力，すなわち抑圧の存在が明らかになる．また，「患者の心に今ここで思い浮かんだことを，抵抗の要求と分析的な探求操作の要求との妥協形成物として考えなければならない領域に達する」とき，まさに「転移が生じる」とフロイトはいう[3]．転移 transference とは，現実の治療者に向けられるには不釣合いな感情，態度などで，その人にとって過去の重要な人物に向けられていたものを現在くりかえしていると考えられるものである．こうして，それまで神経症的な症状に潜んでいたものは，患者自身にとって認めることもできず，むしろ忘れてしまいたいような欲求や記憶であり，それが抑圧された結果，妥協形成物として症状が形成されていたと考えられる．そこで，自由連想法を行うことで，抑圧されたそれらの欲求や記憶が，今度は抵抗や転移の形で別の妥協形成物として現れてくるというのが，精神分析の考え方である．したがって，治療者は抵抗や転移の分析をし，それが意味するところを患者に伝える解釈 interpretation の作業を通じて，抵抗を克服し，患者の心の中で抑圧され，症状の源泉になったものを再構成する．こうして，精神分析療法の目的は，神経症患者の抵抗を克服して，背後に隠されたものを白日の下にさらけ出し，それらを意識化することによって主体性を回復することであるといえるのである．

d. 催眠と自律訓練法

　このように，近代の心理療法の母体ともいえる催眠療法は，フロイトの自由連想法の発見により，その問題点も明らかになった．「催眠療法は症状を禁止するために暗示を用い，抑圧を強め，症状形成の過程を残す．ところが分析療法は，深く病気の根元に向かい，症状を引き起こした葛藤を攻撃する」（フロイト 1917）とフロイトが指摘するように，催眠は，症状を根本的に取り除くというよりも，抑圧を強化することで症状をコントロールしようとする．したがって，催眠は症状に対しての訓練という意味合いが強く，現在もどちらかというと訓練に近い形で用いられている．また，フロイトが明らかにした転移との関連でいえば，催眠は患者から治療者への感情転移をむしろ強化して，結果として治療者への依存感情を助長させるといわれる．このため，催眠は治療者が関わっているときは劇的な効果を生み出すが，関わらなくなるとその効果が失われたり，反動が現れたりしやすい．

　しかし，そうした欠点を補う方法がいくつか現れている．たとえば，催眠状態で得られることの一つにリラクゼーションがある．すなわち，催眠に付随して筋肉が弛緩し，心身のリラックスした独特の心地よい状態が作り出されるので，これを治療に応用しようとする技法がある．シュルツ Shultz JH が「自律訓練法」，と名づけた方法で，それぞれ治療者が他律的に催眠を行う方法を取らず，患者自らが「受動的集中」とよばれる自己暗示法により，催眠類似の状態をつくり出し，心身のバランスの取れたリラックス状態をつくり出すもので，心身症の治療などに今日広く用いられている．

　また，わが国の成瀬悟策の開発した動作法も，脳性麻痺などによる肢体不自由者にリラクゼーションと一定の動作訓練を行うことで，自体感とよばれる自己身体の主体性の感覚をとり戻させ，自己コントロール能力を少しでも高めようとする方法である．

e. オペラント条件づけと行動療法

　ところで，原始的な治療から催眠，そして精神分析へと現代の心理療法への系譜をたどることができるとすれば，それとは別にもう一つの源流と

して，行動療法の系譜があげられるであろう．そもそも，行動療法が出現する以前から，20世紀の初頭，アメリカでワトソン Watson JB により行動主義が起こる．ワトソンは，条件反射理論から大きな影響を受け，人間の行動を刺激（S）とその反応（R）を変数として記述しようとする．いわゆるS-Rモデルである．ワトソンは，意識に対して行動を，内観に対しては客観的な観測と実験を，本能と遺伝よりも学習と環境の重視を主張したことから始まった．つまり，人間の意識や思考，感情，欲望や意志など，人間の主観に基礎を置くものはことごとく思考の対象から除外し，これをいわばブラックボックスに収めて，外から観察可能な人間の行動だけを研究の対象とし，そこから心理学を打ち立てようとしたのが行動主義心理学である．

しかし，このように極端な形で始まった行動主義も次第に変化が訪れる．まず，刺激（S）および反応（R）を心理的水準でとらえようとしたとき，その間に生体（O）という変数が必要になる．こうして生体によって媒介されるS-O-Rモデルが提唱されるようになる．次に，ハル Hull CL は，媒介変数である生体（O）が，動因・習慣・抑制・強化などの概念によって理論的に整理し，反応が二次的刺激となって再び後続反応を条件づけることをみいだした．ハルは，これを消去理論として提示し，イエーツ Yates AJ がさらに条件性制止法としてまとめ，現在もチックの治療などに用いられている．

また，学習理論という点でも，かつてソーンダイク Thorndike EL によって「問題箱」を使った猫の動物実験が行われ，その試行錯誤の過程が，道具的な条件づけとして学習理論のモデルとなっていた．そこで，スキナー Skinner BF が，「スキナーボックス」として有名なネズミのレバー押し実験によって，自由反応場面で全く自発的な行動をその行動の結果において強化するオペラント条件づけをみいだした．

このように，行動主義心理学は実際にはパブロフの条件反射学説，いわゆる古典的（レスポンデント）条件づけに始まっているといえる．確かに，ウォルピ Wolpe J が恐怖症の治療に用いた系統的脱感作法などは，どちらかといえば古典的条件づけを基礎としていたといえる．しかし，行動療法という言葉が最初に使われたのは，1953年にリンズレイとソロモンが精神

病者にオペラント条件づけを適用したときだとされている．ここで，心理療法としての行動療法は，原理的には古典的条件づけをとり込んではいても，あくまでオペラント条件づけが登場した後で確立したということは，心理療法の性質を考える上できわめて意味深いように思われる．

　前述のように，行動主義は，人間の意識や意志など主観の要素を排除し，観察可能な行動だけを扱うところから始まった．古典的な条件づけのモデルでは，人間は受動的に条件づけられるモデルしか提供されないことになり，治療者は一方的に患者の行動を変容させることしかできないことになる．また，一度条件づけられ，変容させられた行動も，別の環境で別の条件下におかれると，さらに別の反応へと条件づけられる可能性もあり，もとの環境や習慣に戻れば，またもとの症状が出現するというように，永続的な行動変容はこのモデルでは得られないことになる．これでは，行動変容を促すトレーニングを基礎づける理論には成りえても，心理療法を基礎づける理論としては不完全である．なぜなら，心理療法は，症状の永続的な除去を求めるからである．しかし，オペラント条件づけが理論として取り入れられたことにより，生体が自発的な行動を通じて環境に働きかけ，自ら行動修正を行うことも理論的に基礎づけられるようになった．つまり，これにより人間の主体的な行動も行動療法の対象とすることができるようになり，心理療法としての地位を獲得することができたと考えられる．

　その後，行動療法は，バンデューラ Bandura A の社会学習理論をとり入れ，観察学習による行動の変化も理論化する．そればかりか，ベック Beck AT の認知療法もとり入れ，人間の主観性の要素である認知や思考の歪みとその変容を積極的に問題にするようになってきている．

f. クライエント中心療法と人間性心理学

　近代の心理療法の三番目の源泉としてあげられるのが，クライエント中心療法と，その周辺にある人間性心理学 humanistic psychology の流れである．この代表者は，ロジャーズ Rogers CR であるが，もともとドイツを中心に起こっていた現象学的な精神病理学や人間学にも通じている．それは人間を自然科学的に扱うあまり，むしろ生物学的・自然科学的な観念によって抽象化し，結局は精神と物質というデカルト以来の二元論に陥ってし

まう傾向に対しての反省から生まれた．そのような自然的態度に対して，体験された現象をあるがままに描き，記述する（現象学的還元）ところから哲学，人間学，心理学，精神病理学を再構築しようとする立場であり，ビンスワンガー Binswanger L，ボス Boss M などは，直接フロイトと親交をもちながら，その批判を通じて人間学的な立場を築いていった．

こうした立場に共通するのは，人間をその全人格的存在として眺め，セラピストも世界の中で存在するものとして，その関係性を通じて，いわばその存在の明るみにおいて出会うととらえられる点である．理論的に何らかの概念に還元することよりも，「今・ここで」の，あるがままの体験に立ち返ろうとすること，また技法よりも人と人とのふれあい，関わり，出会いなどが優先され，狭義の治療目標に限定せず，人としての成長や自己実現に目標を置こうとする点なども共通するところである．

その中で心理療法の一つの源泉という意味では，ロジャーズ C のクライエント中心療法が今日でも人間中心アプローチ person centered approach として最も多くの影響を与えている．ロジャーズは，1902 年，シカゴ郊外のオークパークで信心深い建築請負人の第 4 子として生まれた．12 歳でシカゴ郊外の農場に移り住み，高校時代は農場の仕事も手伝った．学業は優秀で，ウィスコンシン大学に進み，世界キリスト教学生会議に出席するなど活動的であったが，十二指腸潰瘍を患い，しばらく休学した．大学卒業後，結婚し，2 児を儲けた．大学院では神学を学ぶが，特定の宗派の教義にはあきたらず，コロンビア大学の教育学部に転学し，臨床心理学と教育心理学を専攻する．1928 年にはロイチェスター児童相談所で相談活動に従事し，1931 年に Ph D の学位を取得した．次いで，ロイチェスターのガイダンスセンターの所長を務め，1940 年にはオハイオ大学の専任教授になり，その後シカゴ大学カウンセリングセンター，ウィスコンシン大学，西部行動科学研究所などに勤務し，1968 年以後は，カリフォルニア州にある人間研究センターの客員教授となり，1987 年，85 歳で死去した．こうした経歴の中でも，特に児童相談所での非行少年たちとの面接を通じて，ロジャーズは対話による援助ということを確信していったといわれる．そうした子どもたちの中に，自分自身を感じながら，自分自身で方向性をみいだしていく能力を発見し，これが非指示的なカウンセリングの発想の基本になっ

ている．

　クライエント中心療法で大切なのは，その人間観であるといわれる．まず，人間には「実現傾向」というものがあり，これは有機体を維持し，強化する方向に全能力を発展させようとする有機体に内在する傾向であって，人間は全体としてのみ，この傾向を現すとされる．逆にいえば，人間は全人格的な存在として受け止められたときに，はじめて「自己実現」の傾向が起こる．それをいかに促進するかがセラピストの技能だということになる．このように，クライエント中心療法は，人間としての成長のモデルをその中核に置いていることが大きな特徴の一つである．セラピーの理論的な目標点について，ロジャーズは，次のようにいっている[17]．

　"このアプローチの中心的な仮説は，簡潔に述べることができる．それは，個人は自分自身の中に，自分を理解し，自己概念や態度を変え，自己主導的な行動を引き起こすための巨大な資源をもっており，そしてある心理的に促進的な態度についての規定可能な風土が提供されさえすれば，これらの資源は働き始めるというものである．

　成長を促進するこの風土を構成する条件は3つあり，それはセラピストとクライエントの関係，親子の関係，またリーダーと集団，先生と生徒，管理職と部下の関係にもあてはまる．……（中略）……第1の要素は，純粋性，真実性（realness），一致性（自己一致）（congruence）である．（中略）……純粋性は，セラピストが自身の内面で，その瞬間瞬間に流れつつある感情や態度に充分に開かれており，ありのままであるということである．つまり，セラピストの内臓レベルで体験されていることと，セラピストの中で意識されていること，および，クライエントに向けて表現されていることとが，密接に符合し，一致しているということである．（中略）……第2の態度は，受容 acceptance であり，心を寄せること caring，あるいは尊重すること prizing といってもよいが，つまり無条件の肯定的配慮 unconditional positive regard である．クライエントがその瞬間にどういう状態であっても，セラピストがクライエントを肯定的に，非判断的に受容する気持ちを経験しているならば，治療的な動き，あるいは変化が起こりやすくなる．……第3の局面は，共感的理解 empathic understanding である．これは，クライエントが体験しつつある感情やその個人的な意味づけを，セ

ラピストが正確に感じとっており，この受容的な理解をクライエントに伝えるということである."

　そして，建設的なパーソナリティーの変化が起こるためにしばらくの期間存在し続けることが必要なセラピーの要素として，次のような点をあげている[15]．

1) 2人の人が心理的接触をもっていること
2) 第1の人（クライエント）は，不一致の状態 incongruence の状態にあり，傷つきやすく，不安な状態にあること
3) 第2の人（セラピスト）は，その関係の中で一致 congruent しており，統合して integrated いること
4) セラピストは，クライエントに対して無条件の肯定的配慮 unconditional positive regard を経験していること
5) セラピストは，クライエントの内的照合枠 internal frame of reference を共感的に理解 empathic understanding しており，この経験をクライエントに伝えようと努めていること
6) セラピストの共感的理解と無条件の肯定的配慮が，最低限クライエントに伝わっていること

　このように，ロジャーズのクライエント中心療法は，人間の成長への徹底した信頼に根ざしている．それは，単にクライエントとセラピストとの間だけではなく，グループセラピーにおけるメンバー同士にもあてはまる．ロジャーズの創始したエンカウンター グループの実践に関する記述の中で，グループカウンセリング場面であるからこそ，なおいっそうロジャーズの人間観をよく表しているように思われる箇所がある．彼は，次のように述べている[16]．

　"ある個人が精神病的体験をするとか，奇妙なふるまいをするというように，非常に重大な状況がグループ内に生じたときは，グループ メンバーを信頼するのがよいということを私は学んだ．彼らは治療的であるし，少なくとも私自身よりも治療的である．専門家はときとして診断名にとらわれて，「これは偏執病（パラノイア）的行動だ」などと感じやすい．その結果，自分をひっこめ，その人を対象として扱いがちである．ところが，もっと素朴なメンバーは，この扱いにくい人に人間として関わり続ける．しかも，

この方が私の経験からすれば，はるかに治療的である．そこで，メンバーが明らかに病的行動を示すような状況では，私はグループの示す知恵を自分自身より信頼する．しかも，私はメンバーの治療力に非常に驚かされることがしばしばである."

g．その他の先駆者

　このほか，特にそれまで心理療法的なアプローチが困難とされていた統合失調症の心理療法の先駆者として，シュヴィング Schwing G のアプローチがあげられる．彼女は，1905 年，スイスに生まれ，10 年間看護師として重篤な身体疾患をもつ患者の看護にあたった後，精神分析医フェダーン Federn P から精神分析的な訓練を受けた看護師として，統合失調症患者の心理療法に従事した．シュヴィングは，統合失調症の患者とも陽性の転移が確立され，治療者が「母なるもの」を示すことや，患者との「われわれ体験」を強調した．その後，統合失調症の心理療法は，認知行動療法のモデルにしたがったものが主流になっているとはいえ，「象徴的実現」の方法を実践したセシュエー Sechehaye MA とともに，その先駆者としての価値はかわらない．次に，シュヴィングが症例アリス（30 歳，緊張病）として提示した事例をあげる[18]．

　"保護室 4 号に入っていくと，不気味な静かさと凍結したものに私は直面した．毛布の下にくるまっている人間の形をしたものがまだ生きているのだということを示す何の物音も身動きもなかった．その病者の外界との関係のすべては，もう何カ月の間絶たれたままで，その瞼は閉じられ，唇は沈黙していた．彼女は，人工栄養によってのみ養われることが可能であり，最小限度の看護さえ，たいへんな骨折りを必要とした．

　ホロス先生の助言に従って，私は数日間いつも同じ時刻に 30 分ほどベッドの傍らに静かに座ることにしていた．3 〜 4 日の間は，部屋の中は静かなままだった．そして，ある日のこと毛布がほんの少しもち上げられた．2 つの暗い眼が用心深く周りをみまわした．不安と深く傷つけられた人間の姿がその中にあった．やがておもむろに顔全体が現れた．その顔は，虚ろで仮面のように死んでいた．私は，断固として受身の姿勢を持ったが，そのときから安心感を得たのか，彼女は起き上がり，まじまじと私をみつめ始

めた．そして，次の日あんなにも長い間，黙し続けていた口が開かれた．「あなたは私のお姉さんなの？」と，彼女が尋ねたのだ．「いいえ」と私が答えると，でもと彼女は先を続けた．「毎日あなたは私に会いにきてくれたじゃないの，今日だって，昨日だって，一昨日だって！」"

3 援助行為としての心理療法の特徴

　以上，心理療法の起源をたどりながら，いかにして心理療法の技法が確立されてきたのかをみてきた．これまでみてきたように，近代の心理療法は，宗教，医学，教育の影響を強く受け，それらを母胎として生まれ，発展してきたといってもよいだろう．しかし，心理療法は精神的な救済をめざすという点で宗教と相通ずるところがあっても，霊魂や神仏の存在を問題にするわけではないという点で宗教とは異なる．また，治療をめざすという点で医学と重なるところはあっても，病気や障害の治療に限定されず，その治療のメカニズムについて心理学的な説明をする点で医学とも異なる．さらに，人間の成長を促すという点では教育とも共通するが，対人的な援助を追求するという目的や方法において教育とも異なる．境界線は引きにくいが，それぞれ宗教，医学，教育では対応できない限界があったからこそ，それまでの方法とは根本的に異なる方法として心理療法が誕生したと考えられる．そこで，それまでの援助の方法から何が変わることで心理療法となることができたのかということをとらえ直すことで，援助行為としての心理療法の本質や特徴を考えてみたい．

a. 人の主体性を引き出す

　すでに述べたように，古くからシャーマンなどがその世界観・宗教観の中で心理療法の原点ともいうべき治療や援助の行為を行っていたが，近代的な心理療法の橋渡しとなったのが，催眠術であった．そこから，無意識や抑圧，ヒステリーのメカニズムなど，心理療法を支える心の理論についての仮説が生まれ，フロイトの自由連想法の確立によって，ついに近代の心理療法が誕生したと考えられる．ここで，クライエントに催眠術をかけることがクライエントを受動的な立場におくことになるのに対して，フロイトの自由連想法が画期的であったのは，クライエントに自ら連想すると

いう主体的な役割を与えているという点である．クライエントは，自ら連想し，自ら語ることで主体的に治療に参加し，治療を進めることができるようになったのである．また，条件反射学説の応用から，生体の自発的な行動を条件づける「オペラント条件づけ」がスキナーによって発見され，行動療法が基礎づけられた．この場合にも，クライエント本人の自発的な行動を強化するというモデルが生まれ，心理療法としての行動療法が成立した．そもそも心理療法というもの自体が，クライエントの自発的な援助希求を前提として成り立つものである．その後，認知行動療法では，クライエントの認知や思考など，主観的で自発的な要素がさらに取り入れられて，ますます自発性を強化する側面が強くなっている．さらに，ロジャーズによってクライエントを中心に据え，人間の全人的な成長と自己実現までも見据えた壮大な心理療法の方法論が提示され，「無条件の肯定的配慮」の考えが提示されることで，クライエントの主体性が最大限尊重され，強調されたといえる．このように，近代の心理療法の誕生を可能にしたのは，このクライエントの主体性を引き出し，尊重するという姿勢であったと考えられる．

b．日常的なコミュニケーションを手段とする

次に，フロイトが催眠暗示という方法を捨てて自由連想法を開発してから，クライエントは催眠トランスという「変性意識」の状態ではなく，通常の意識の状態においてセラピーを受けることができるようになった．実験室の中での動物実験から生まれた行動科学も，行動療法，認知行動療法へと変化する中で，そこでのクライエントとのやりとりは，日常的で相互的なコミュニケーションに近づいた．クライエント中心療法では，さらに通常の対話にいっそう近い形式になっている．このように，心理療法は特別な器具や装置，薬剤などの物質を用いるわけではなく，また，クライエント自身に負担をかけるような特別なコミュニケーションの手段を用いるわけでもない．行為としてみれば，多くの場合，誰にでも行いうる対話，つまり最も自然で日常的なコミュニケーションを手段とするようになっている．このことにより，心理療法は狭義の病気・障害の治療を越えて，さまざまな分野で新たに開発され，用いられるようになったと考えられる．

c. 対等で相互的な援助を行う

　また，宗教，医療，教育などは，対象者の問題を引き受けて，対象者にかわって対処したり，相手に直接何かを提供するという性格が強く，そのことによって強力な力を発揮する．それに対して，心理療法では，通常はただ相手の話すことを聴き，うなずき，簡単な質問やコメントをする程度のことが行われるにすぎない．すなわち，相手への働きかけや援助という点では，きわめて消極的にみえる行為である．心理療法を行う専門家との関係も，強制的・一方的ということはなく，対等・相互的であり，契約に基づいた共同作業として行われるのが通例である．しかし，それだけにクライエントの存在を受けとめ，クライエントが本来もっている治癒力，回復力，成長する力，問題を解決する力などを有効に引き出す方法としては優れている．また，そのことにより，治る見込みのない病・障害を患った人，取り返しのつかないできごとのために悩み，傷ついている人など，どのような状態にある，どのような対象者に対しても適用できるようになったと考えられる[9]．

d. 心理療法は専門家の援助と非専門性の援助を結びつける

　このように，心理療法は一見すると誰もが行いうるような日常的な行為で，消極的な行為でしかない．したがって，古代のシャーマンのように，共同体の中で特別な能力をもっていたり，特別な物質や器具を用いる技能をもつ必要もない．家族や同じ病をもった当事者同士のカウンセリング（ピア　カウンセリング）が成り立つように，心理療法に関しては，専門家でない人間が思わぬ力を発揮することがある．実際に，心理療法の新たな技法や学派を切り開いてきたパイオニアたちの中には，精神科医や臨床心理士などの心理療法を行う職種以外の人々も多く含まれている．哲学者，文化人類学者など，本来援助の専門家ではない人々もいる．しかし，他方，実際に心理療法の専門家になるためには，心理療法の技法と理論だけでなく，人格や人間の成長，発達，変化，心の病気と治療についての膨大な知識を身につけるだけでなく，長い年月をかけたトレーニングが必要である．それにより，さまざまな状況をみわたした冷静で行き届いた判断と細やかな対応の能力が養われる．

このように，クライエントとは対等な立場でクライエントを受けとめ，一見誰もが行いうるような，日常的な対話を援助に役立てることができる技術，それがまさに心理療法に他ならない．つまり，心理療法はその行為としてみるならば誰でも行うことができるという側面と，本格的にその技術を身につけ，職業として行うためには，長い修練が必要であるという側面をもっている．むしろ，専門家であれば専門家として，初心に帰って率直にクライエントに向き合う謙虚さが求められる．そこに心理療法を行う者の高度な専門性がある．言葉を変えれば，心理療法は高度な専門家の判断の行き届いた援助と，非専門家ならではの率直で共感に満ちた援助とを結びつけるようなものでもあるのである．

　以上，心理療法についてその起源と成り立ちをたどることで，心理療法の本質的な特徴を導き出し，考察した．

●文献
1) 木村　敏，中井久夫，訳（Ellenberger HF 1970）．無意識の発見—力動的精神医学発達史・上．東京：弘文堂; 1980. p.51.
2) 堀　一郎，訳（Eliade M 1958）．生と再生—イニシエーションの宗教的意義．東京：東京大学出版会; 1971. p.194-6.
3) 小此木啓吾，訳（Freud S 1911）．転移の力動性について．In：フロイト著作集 9．東京：人文書院; 1983. p.72-3.
4) 小此木啓吾，訳（Freud S 1912）．分析医に対する分析治療上の注意．In：フロイト著作集 9．東京：人文書院; 1983. p.78-86.
5) 小此木啓吾，訳（Freud S 1913）．分析治療の開始について．In：フロイト著作集 9．東京：人文書院; 1983. p.87-107.
6) 小此木啓吾，訳（Freud S 1915）．転移性恋愛について．In：フロイト著作集 9．東京：人文書院; 1983. p.115-26.
7) 福島　章．心理療法の歴史と比較研究．In：臨床心理学体系 7．東京：金子書房; 1990. p.3-35.
8) 菊池義人．援助専門家としての臨床心理士．久留米大学大学院心理教育相談室紀要．2002; 3: 3-13.
9) 菊池義人．純粋主体対面援助行為としての臨床心理行為—比較援助行為論の試み—．心理臨床学研究．2004; 22(3): 262-72.
10) 荒川幾男，他訳（Lévi-Strauss C 1958）．呪術師とその呪術．In：構造人類学．東京：みすず書房; 1972. p.199.

11) 宮下照子．認知行動論的アプローチ．In：伊藤良子，編．臨床心理学全書 8．臨床心理面接技法 1．2004. p.143-200.
12) 野島一彦．ロジャーズ派．In：氏原　寛，東山紘久，編．カウンセリングの理論と技法：別冊発達 16．京都：ミネルヴァ書房；1993. p.71-9.
13) 野島一彦，編．臨床心理学への招待．京都：ミネルヴァ書房；1995.
14) 河合伊六，訳（Robert D Nye 1992）．臨床心理学の源流　フロイト・スキナー・ロジャーズ．大阪：二瓶社；1995.
15) 伊藤　博，村山正治，訳（Rogers CR 1957）．セラピーによるパーソナリティ変化の必要にして十分な条件．ロジャーズ選集 上．東京：誠心書房；2001. p.267.
16) 畠瀬　稔，畠瀬直子，訳（Rogers CR 1970）．エンカウンター・グループ．大阪：創元社；1982. p.81.
17) 伊藤　博，村山正治，訳（Rogers C 1986）．クライエントセンタード/パーソンセンタード・アプローチ，In：ロジャーズ選集 上．東京：誠心書房；2001. p.162-3.
18) 小川信男，船渡川佐知子，訳（Schwing G 1940）．精神病者の魂への道．東京：みすず書房；1966. p.11-2.

<菊池義人>

B 心理療法の諸技法

1 クライエント中心療法

　クライエント中心療法は，アメリカの心理学者カール ロジャーズ Rogers CR によって始められた心理療法であり，日本におけるカウンセリングの一翼を担ってきた．ロジャーズははじめ精神分析的な心理療法を行っていたが，ある日患者にもっと自分に自由に話をさせてほしいといわれたことをきっかけに，独自のアプローチを模索するようになる．その結果生み出されたものが，治療者主導の治療という枠組みを排した来談者を中心とした心理療法である．

　その特徴の1つは力強く肯定的な人間観であり，人間には有機体として適切に機能するよう「自己実現」をめざす能力があり，適切な環境の下で植物の芽が自然と発芽するように，自ら成長するような潜在的能力をもつ存在として個人をとらえた．そしてそれまで疾患をもった患者とよばれていた個人を，より能力のある対等な存在としてとらえるために「クライエント（日本では来談者ともよばれる）」という言葉を用いるようになったのである．

　クライエントの潜在的な成長力を充分に促進させるための環境としてカウンセリングを定義し，そのための条件を以下のようにまとめている．

a. 無条件の肯定的配慮

　カウンセラーの望むように話をするとか，カウンセラーの提案をきちんと受け入れるとか，そういったこととは関係なく1人の人間としてクライエントに関心を向けること．カウンセラーから否定されたり，怖がられたりすることなく，自分のしたい話をできる体験を提供する場となること．

b. 共感的理解

　クライエントの体験していることを，まるでクライエント自身であるかのように体験しながら，同時に自分がカウンセラーであることも忘れない

姿勢を保って理解すること．同情や同調とは異なり，クライエントの心の混乱や偏りに巻きこまれることなく，それでいてまだ言葉にならないクライエントの感情を理解し，それをクライエントに伝えること．それによって自己理解や洞察を深める．

c．純粋性

　カウンセラーの側が，心の中で起こっていることに正直であり，不安や恐怖，怒り，悲しみといった感情を否定したり，オーバーに扱うことなく，純粋なまま心の中に保っていること．1人の誠実な人間としてクライエントに向き合う姿勢であり，またそうあろうとする姿勢でもある．そうすることでゆがめられた共感を行うことなく，クライエントの全体をそのまま受け止めることができる．

　こうした3条件が整うことで，クライエントは人格的な変化を果たすことができるとロジャーズは考えたのである．
　他方，クライエント中心療法には人格理論としての側面もある．それは「理想自己」と「現実自己」という2つの自己像からなるもので，人は，こうありたいという理想的な自己像と，現実の自分はこうだという現実的な自己像をもつとされる．両者は必ずしも一致するものではなく，むしろほとんどの場合にはズレがある．そしてそのズレにこそ，問題や困難の起源があるのであって，クライエントが自らの現実自己を理想自己に近づけるか，あるいは高すぎる理想自己を現実自己に近づけるか，そのいずれかがおおまかにいえばカウンセリングの目標となる．理想自己と現実自己の重なりが増すことで，人は果たせなかった「自己実現」を適切な形で達成することができるのである．適切な環境が用意されれば，人は自然に自己実現に向かう．それが人格的変化ということであり，そのための基本的な前提が，先に述べたカウンセリングの3条件なのである．
　カウンセリングの実際においては知的側面よりも情緒的側面に焦点をあてて，感情の明確化と映し返しとを中心的な技法として用いている．前者はクライエントの語ったことをまとめたり，いいかえたりすることで，それによってクライエントの体験を浮かび上がらせようとするものである．ク

ライエントによっては話がいききし，まとまりを欠くこともあるが，それを簡潔に，そして適切にまとめることで，自分がどんな感情をもっていたのかを安定した形でクライエントに伝えることができるのである．後者はクライエントの語った言葉をそのまま繰り返していうことで，それによって改めて自分の言葉，自分の体験を客観的に観察する機会を提供している．また，それはカウンセラーの理解が適切かをクライエントに確認する機会ともなる．こうしたカウンセラーの関わりかたが，クライエントの側に話を聞いてもらえている感覚や，自分の体験を理解してもらえている感覚を生み出し，また，まだ気づいていなかった自分の感情や経験への洞察を得ることを可能にする．無条件の肯定的配慮，共感的理解，純粋性という3条件は，感情の明確化や映し返しといった技法を通して具体的に示されるのである．

　この心理療法の適応範囲は幅広く，言葉を用いて交流することのできるクライエントであれば，それほどの危険性もなく用いることができる．そのためわが国においても，カウンセリングの基本的なイメージとして定着するほどに幅広く受け入れられた心理療法となっている．一方で，非指示的心理療法とよばれることもあるように，クライエントへアドバイスや助言をすることもなく，課題を与えることもないため，そのことに不満を感じるクライエントもいるだろう．そうした不満にも耳を傾け，その感情をクライエントのありかたとして洞察につなげることが，つまり，カウンセラーへの否定的な態度へも肯定的な配慮と共感的理解，純粋性をもって接することが，カウンセラーに課せられた役割である．肯定的な感情も否定的な感情も，等しく価値あるものとしてとり扱うことがカウンセラーには求められている．

2 エンカウンターグループ

　エンカウンターグループとよばれるものにはいくつかの種類があるが，日本において広く知れわたっているものは，クライエント中心療法を始めたロジャーズによるエンカウンターグループである．これははじめ，集中的なグループ経験を通じてカウンセラーの訓練を行う，という目的で開発されたものであった．それが次第に自己理解や対人間のコミュニケーショ

ン，対人関係の改善のための小集団による「出会い（エンカウンター）」の場としての役割を担うようになり，わが国において独自の発展をしてきている．

　日本においてなされているエンカウンター グループには，一般に「ファシリテーター」とよばれる指導者が1人ないし2人いて，グループの安全な運営と参加者の自由な発言とを促す働きをしている．参加者は希望するものならば誰でもよく，その人数はだいたい10人前後であることが多い．いわゆるカウンセリングや心理療法とは異なり，週1回といった実施ではなく，3泊4日ほどの合宿形式で集中的に行われるのが一般的となっている．

　ファシリテーターには上にあげた以上の特別な役割はなく，またエンカウンター グループ自体の目的も特に設定されることはないことが多い．個人がどのように成長するか，どのように変化し，自己理解を深めるかは，そのときのグループのありかたや，各個人のグループへの関わりかたによって異なるのである．こういった変化をもたらす要因についてはまだ明らかにされていない部分も多いが，グループの中で受容される体験，他の参加者と自分を比べること，情緒的な関係をもつ体験，葛藤や対決およびその解消の体験などが影響していると考えられている．ファシリテーターはこれらの要因を操作することなく，グループが自然に進んでいくのを見守る役割をとるのである．

　近年では，カウンセラーの訓練としてだけではなく，学校や大学における自己理解の促進の場として，また看護学校はじめさまざまな医療分野，企業などの産業分野における対人関係改善や自己理解，コミュニケーション促進の場として注目されるようにもなってきている．

3 フォーカシング

　フォーカシングとは，クライエント中心療法の心理療法家であったジェンドリンが，どのようなカウンセリングが人に変化をもたらすのかを検討する中で生み出した技法である．ジェンドリン Gendlin E は成功したカウンセリングにおけるクライエントの側の要因として，自分の感情や気分に触れ，それを言語化できることが重要であると考えた．単にカウンセラーがクライエント中心療法にあげた3条件を満たすだけではなく，クライエ

ント自身が自分の体験している心の動きに触れることができるかという側面が大切だとされたのである．そのための手続きがフォーカシングであり，その具体的なやり方は以下の通りである．

a. **クリアリング スペース**
　心の中で気になっている感じ，気持ち，考えなどをすべて脇にやって，これから行う心の中の作業のためのスペースをつくる．

b. **選ぶ**
　脇によけた中から気になるものをとり出してくる．これから行う作業の焦点となるものを選んでくるのだが，それはあいまいな体の「感じ」であることも多い．まだ言葉になっていない前言語的な体験である．

c. **フェルトセンス**
　選んだものがどのような感じであるのか充分に味わってみる．そのことで感覚的ではあるがまとまりをもった実感となってくる．

d. **見出しをつける**
　それに名前をつけてみる．たとえば「イライラする感じ」「ゴツゴツした固くて重いもの」など，自分なりに適切と思える言葉をあてはめる．

e. **見出しへの共鳴**
　その言葉をしばらく響かせてみて，ピッタリこなければまた言葉を探す．ピッタリくる言葉をみつけることで，あいまいであった感覚の本当の意味を知ることができる．そこには「ああ，そうか」という体験が伴うことが多く，それを「フェルト シフト」とよぶ．

f. **問いかけ**
　フェルト シフトを体験できなければ，どんなところが選んだ言葉にあてはまるか，選んだ言葉からどんなことが思い浮かぶか，など問いかけながら新しい気づきが生じるのを待つ．

g. 受容

言葉をみつけ，自分の前言語的な体験の本当の意味がわかったときに，それを否定することなく受け入れる．

このような手続きをくり返すことによって感覚的でしかなかった自分の気持ちや感情に気づくことができるとジェンドリンは考えた．自分の心を知れば，次に必要なことへと自然に動き出すことができる．ロジャーズと同様に彼もまた，人は自分が求めているものへと自己推進する力をもっていると考えていたが，そのために自分で自分の気持ちに触れ，その意味を知ることを重視したのである．

4 精神分析療法

精神分析はフロイト Freud S が始めた 1 つの心理療法であると同時に，いろいろな意味で現在の心理療法の基礎となった心理療法である．一般に，精神分析という言葉は，人格および精神病理の理論，治療法，人間理解の方法の 3 つを意味する．このうち人間理解の方法は文化や文明，あるいは芸術に応用される精神分析の側面であって，中心的なものは前の 2 つ，理論および治療法である．

フロイトは神経症者の治療にあたる中で，人の心の中には「無意識」とよびうる領域があって，本人に受け入れがたい記憶，情緒，思考，知覚などがそこに押し込められていることを発見した．人格や精神病理は，この無意識の葛藤を通して形成されるというのが精神分析の理論である．それは次のようにまとめられる．

無意識の起源となるのは乳児期や幼児期の体験であり，特に重要な対象である母親との関係が大きな影響を及ぼす．原初的な母子関係において幼児は自分の，あるいは相手の攻撃性，性欲，羨望，罪悪感などの情緒・思考を体験するが，そのいくつかは小さな子どもにとって耐えがたいものである．したがってこれを無意識に追いやることで，自分の心の中から排除しようとする．こうした心の働きを「防衛」とよぶが，抑圧，分裂，投影同一化といった神経症，人格障害を説明する言葉もこの防衛機制の一部である．こうした防衛によって排除される体験や情緒は必ずしも実際の現実

ではなく，ときに子どもの空想にすぎないこともある．しかし，一度無意識に追いやられた情緒や思考などは，現実的な訂正を受けることがない．そのために心の奥でいつまでも活動を続け，成長しつつある人の意識的な生活，つまり知覚，感情，行動などに影響を及ぼすことになる．それは多くの場合不合理で不適応的な行動パターンや対人関係を生み出し，なおかつ訂正されることがないために，そのパターンは何度となく繰り返されることになる．それが精神病理へとつながるのである．

このような精神病理論に従って，治療においては人が無意識に押し込めている情緒的体験や誤った思考ととり組むことが必要であると精神分析療法では考える．そのために行われるのが治療者による「解釈」である．解釈はクライエントの話している中からそのクライエントの無意識を読みとり，それをクライエントに伝えることを指していて，これによってクライエントの洞察を促し，訂正されることのなかった情緒的体験や思考の再検討を促すのである．また，クライエントの無意識を読みとりやすくするために，「自由連想」とよばれる特別な設定が用いられる．自由連想とはクライエントに何でも自由に話すよう求めることであり，これによってどんな話題が選ばれ，どんなことを感じるかにできるだけ治療者が影響を及ぼさないようにするものである．しかし，実際に人は何でも自由に話すことはできない．そこには恥ずかしさや不安，遠慮，戸惑いが含まれるからである．こうした「抵抗」こそが，実のところクライエントの無意識を読みとる手がかりを与えてくれている．本人にとって耐えがたい情緒・考えであるためにそれは防衛的に無意識に追いやられたのであるから，それについて話すこともできないわけである．抵抗のあるところに防衛と無意識が発見されるのである．

そのため精神分析療法において治療者は，語られたことよりも語られるはずなのに語られていないこと，あるいは語られたことの背後にある心の動きなどに注目する．そしてそれをクライエントに伝える．それが解釈である．自由連想によって心の自由な動きを促し，その中で抵抗のある場所をみいだし，そこに何があるのかを解釈する．

ところが耐えがたいために無意識に追いやり，そのために自由連想において話すことに抵抗したものを，治療者が解釈によって言葉にすれば，そ

れ自体クライエントにとっては耐えがたい体験となる可能性がある．たとえば，罪悪感の強い人が何に罪悪感を感じるのかを尋ねられるだけで責められたように感じるようなことが生じうる．治療者の行為もまた同じである．見捨てられ不安をもつ人が，面接時間の終了によって見放された感じを体験するようなことがありうるのである．治療者が解釈を行うほど，無意識に追いやって心の中から排除しようとしたはずの情緒，思考，記憶，知覚などが治療の中に舞い戻ってくる．また，治療関係が密になるほど，子どもの頃の空想や願望が活発になってくる．そのため治療関係自体がクライエントにとって葛藤や願望の場となり，同時に防衛の働く場となっていく．こうした現象は「転移」とよばれている．過去の母子関係，あるいは心の中の葛藤・願望が現在の治療関係に転移するのである．これによって終わってしまった過去や押し込められた無意識ではなく，今まさに展開している葛藤や願望をとり扱うことができる．精神分析療法においては，この転移こそが治療の舞台となるのである．

　この転移をとり扱うための治療者の介入もまた，解釈によって行われるが，何をどのように解釈するかの決定は，治療者の熟練によるところが大きい．そのため，この訓練は長期にわたる．これと関連して，精神分析は人の心の奥底をとり扱おうとするために，場合によってはクライエントにとって破壊的に作用することも少なくないことを強調しておきたい．これは心理療法一般にいえることだが，充分な訓練なしに治療的接近を行うことは慎まなければならないし，言葉で説明するだけでこと足りるわけではない．特に精神分析療法においては関係自体が葛藤的となるため，充分な配慮と注意が必要である．そうした危険性の認識のもと，配慮と誠実さをもって治療にあたることが治療者側の役割なのである．

5　プレイセラピー

　プレイセラピーの発展を生み出したものとして，精神分析的な立場から生まれたもの，クライエント中心療法の立場から生まれたものがある．前者はクライン　Klein M やアンナ フロイト　Freud A が，後者はアクスライン　Axline M がそれぞれ発展させたものである．しかし日本で一般にプレイセラピーとよぶときには，いずれの立場によることもなく，折衷的な立

図 19 プレイルーム

場で行われることが多い．特に精神分析的なプレイセラピーは児童分析とよばれて区別されることもある．

　プレイセラピーの設定は特に定められたものがあるわけではない．プレイルームとよばれる専用の部屋が用意されていることが多いが，そうした部屋を準備するのがむずかしいような場合には，言語面接の行われる部屋を一時的にプレイルームとして利用することもある．部屋の広さもさまざまであり，そこで用いられる玩具の種類，量もまたさまざまである．一般にはぬいぐるみ，次に紹介する箱庭や芸術療法に用いる道具，ボードゲーム，ゴムボール・バットなどの道具などが用意されている（図 19）．それらは使う子どもによってさまざまな意味が与えられるため，その選択からすでにプレイセラピーは始まっているともいえる．たとえばゲームという遊びの中には勝ち負けへのこだわりが，人形遊びの中には家族関係の反映が表現されることがある．遊びや玩具にどのような意味が与えられるかを考えながら，それぞれの治療者が場の設定を行うことになるのである．

　このプレイセラピーの対象は主に思春期までの子どもであり，言葉を用いるよりも，遊びながらの方が自己表現や交流を行いやすいクライエントに用いられるのが一般的である．その目的は言語を用いた心理療法同様さまざまで，問題行動や対人関係上の困難の改善，心的世界の表現，虐待や

心的外傷の治療などのために利用されている．それぞれのクライエントに合わせて目標を共有し，また遊びの中に表現された苦しみや困難を治療者が読みとっていくことになる．

　プレイセラピーの実際においては言語面接と同じように，クライエントが自分の感情や空想，考えなどを自由に表現し，展開させることが何より重視されている．治療者は子どもと関わりながら，そこに現れる子どもの姿を読みとり，それを基に介入を行う．この介入において言葉による解釈を行うか，遊びの中に介入を織りこみながら遊びを発展させるか，あるいは遊びを展開させるけれども特別な介入を行わないかなどは，そのときどきによって，あるいは心理療法の学派によって異なっている．一般的には，精神分析では解釈を，クライエント中心療法では自由な表現を促し，感情を明確化し映し返すことを，基本的な介入の方法としている．ユング心理学の立場では遊びの中に現れる象徴的な意味合いを治療者の胸の内では解釈するが，それを言葉で子どもに伝えることはしないことが多い．

　一口にプレイセラピーといってもこのようにさまざまなやり方があるのだが，はじめに述べたように，実際にはこれらのさまざまな立場が折衷的に用いられている．そこに共通していることは，子どもが自分の内的な世界を自由に表現できる場を提供することの重要性であり，同時に治療者という他者がそこに関わることの重要性である．内的な世界が自由に表現され，それが治療者との交流の中で変容していく．その過程が子どもの成長する力を引き出し，そのように子どもなりに今の状況にとり組んでいけるよう援助するのがプレイセラピーなのである．逆にいえば，自由に子どもを遊ばせれば，それが治療的に作用するということではないのである．

　その専門性はたとえばプレイセラピーにおいて，ときに攻撃性や性的関心，傷つきや恥，拒絶感，抵抗などが表されるときに際立つ．否定的感情ではあっても，それもまた自由に表現されることが求められるし，それを遊びの中で上手にとり扱っていくことが求められるのである．内的世界の表現だけではなく，これに伴う身体的な攻撃や破壊的な行動も遊びの中では表されるが，こうした行動は治療者が適切に介入する必要のある部分でもある．子どもを叱ったり，威圧したり，おさえつけることなく，治療的にとり扱うところにプレイセラピーのむずかしさと，治療者としての創造

性と力量が問われているのだといえる．

　これと関連して，プレイセラピーにおいて一時的に子どもに問題行動がみられるようになることもある．それまで子どもの中でおさえていた攻撃性や強い感情が遊びの中で表現されるようになることで，日常生活場面でも表現されるようになるためである．親や学校の先生や子どもに関わる周囲の大人からすれば，それは不安を引き起こすものであり，ともすればプレイセラピーへの不信感をまねくことにもなりかねない．プレイセラピーを行う際には，こうした心理療法場面外での子どもの状態の変化についてよく知っておくこと，そのために親や共同治療者との情報交換を適宜行うこと，またそうした場において子どもの状態の変化と内的な変化との関連を伝えられるよう心がけておくことが必要とされている．

　プレイセラピーにおいては，そうした周囲の環境調整といった役割も治療者に課せられている．しかし治療者とは別に，たとえば病院やクリニックなど主治医のいるときには，この環境調整の役割を主治医がとることもある．それによって心理療法家は子どもとのプレイセラピーに集中することができるからである．自分の環境を自分でつくることの困難な思春期前後の子どもの心理療法においては，大人の心理療法とは違う配慮が必要とされており，治療の中と外との連携が強調されている．

6 箱庭療法

　箱庭療法はユング心理学派のカルフ　Kalff M によって始められた主に児童のための心理療法である．「箱庭」とよばれる道具を用いることが最も大きな特徴となる（図20）．これは縦57cm，横72cm，高さ7cmの木枠の中に砂をつめたもので，枠の内側は青く塗られている．子どもは「枠組みの中の自由な世界」において，安心して自己表現ができるとカルフは考え，箱庭療法を考案した．枠組みに制限されるのは，どこまでも自由な世界は子どもにとって逆に何をしていいのかわからない不安な世界となり，あるいは衝動的な感情や攻撃性が制限されることなく，現実生活にまであふれ出してしまうことになるためである．木枠によって枠組みの中の自由な世界をつくり上げ，また安全を保障するために治療者がいるのである．

　この中で子どもが人や動物を模した人形，道路や車，鉄道，植物，建物

図 20 箱庭療法

などを自由に配置する．箱庭によって子どもの内的世界を自由に表現する場を提供し，同時にその作品や制作過程を治療者が読みとることで，子どもの世界を理解するのである．木枠の内側を青く塗るのは，砂を掘ることで川や海を表現できるようにするためである．

その進め方は，一般的にはクライエントが自由に箱庭をつくり，それを治療者は黙って見守っているというやりかたをとることが多い．しかし治療者によって，あるいはそのときどきの状況で，クライエントと治療者が

B 心理療法の諸技法

一緒になって1つの箱庭をつくり上げるやりかたがとられることもある．1つの治療過程において，そのやりかたが交互に行われることもありうる．特別な形式は定められてはいないが，この箱庭をつくるという作業を通じてクライエントと治療者が関わりをもち，内的世界の表現とその理解を共有し，治療の過程をつくり上げていくという点は共通しているといえる．

一般に子どもを対象として箱庭は使用されるが，言語表現の苦手な思春期・青年期のクライエントにも用いられることがある．ときには成人にも用いられることがある．いずれにしても，そこに展開される世界は非言語的につくられた世界であるため，その読みとりや理解への感受性をもたなければ治療として成り立たないというむずかしさはあるだろう．

箱庭に示された世界の読みとりかたにもやはり形式的なものはなく，それぞれの治療者が子どもとの関わりの中で感じたもの，気づいたものをとりあげていくことが多い．つくられた作品やその過程から感じたことを子どもの内的世界の理解として生かす治療者もいれば，作品について感想を求めたり，質問をしたりして内的世界へ接近する治療者もいる．そのとり扱いかたもまた，各治療者によって異なる．得られた理解を解釈として子どもに伝え，それによって変化を促す治療者もいれば，解釈はせずに箱庭をながめ言語的な介入を控えながら作品（内的世界）を共有するやりかたをする治療者もいる．

子どもが自由に自分の内的世界を展開するように，治療者もまたそれぞれのやり方にあわせてその世界に関わるのである．ここに先に述べた困難もあるのであるが，同時にそれは治療者も子どももともに遊べる治療なのである．プレイセラピー同様，これもまたクライエントにとって抵抗のない遊びであり，また治療者にとっても遊びなのである．そこに箱庭療法が広く用いられる理由があるだろう．

しかしこの方法も万能ではない．枠組みの重要性は先に述べたが，特に統合失調症者にこれを用いるときには注意をする必要がある．現実と非現実の境界が失われるのがその病態の特徴でもあるため，木枠による枠組みが成り立たない可能性があるからである．また，砂の感触が退行的な作用を及ぼすともいわれている．統合失調症者に限らず，児童や大人においても，自由に内的世界を展開できるだけに，それが漏れ出すような状況には

特に注意しなければならない．

7　芸術療法

　芸術療法は，音楽，絵画，文学などさまざまな芸術のもつ治療的な作用を心理療法に応用しようとするもので，ナウンバーグ Naumburg M や先のカルフといった人物によって確立された．芸術という言葉が使われているものの，ここで重要になるのは，創造的な芸術作品を作成することではなく，そうした活動によって自己の内面が表現されるという要素である．具体的には楽器を用いた音楽の演奏，合唱，絵の具やクレヨン，色鉛筆，鉛筆などを用いた描画，雑誌や本から写真やイラストを切り抜いて1枚の作品を作るコラージュ，紙粘土や油粘土などを用いるものなどであり，また日本独自の芸術療法の形として，連歌療法や俳句療法も行われている．

　こうした芸術療法は，いわゆる言語面接とは違って，葛藤を言葉にすることなく進めることができる．そのため心の中の葛藤や不安，恐れなどを直接的に表現することでかえって情緒的に混乱してしまうことなく治療を進めることができ，にもかかわらず言葉にすることがむずかしい感情や体験をそのままに表現することができるという特徴がある．言語化という物ごとを明確にする表現を用いないために，把握することのむずかしい心の中を，あいまいなまま表現していけるところに芸術療法の大きな意味があるのである．こうした「非言語性」が芸術療法の大きな特徴となっている．

　また，プレイセラピーや箱庭療法などと同様，こうした芸術活動は，それ自体が「遊び」となり，自発的な参加を促せるということも大きな特徴である．内的な世界を展開し，それが治療的に作用するには，クライエント自身の積極的なとり組みが求められる．それは芸術療法に限らず，すべての心理療法において重要なことであるが，芸術療法はその活動自体にカタルシス効果があるために，自発的な関わりを引き出しやすいのである．

　さらに別の利点としては，心の中の世界が作品として1つの形をとるために，自分の内的世界を客観視したり，新しい気づきを得る機会をもつことができることがあげられる．活動自体だけではなく，その結果からも学べるのである．

　一方，内的世界をあいまいに表現できるために，治療者の作品を読みと

る能力が試されるというむずかしさがあるのは，プレイセラピーや箱庭療法と同様である．解釈を行うべきか，行わないべきか，芸術療法を継続的に行うのがよいか折りをみて導入する方がよいか，そうした判断も行わなければならない．あいまいなものをあいまいなままにしておく耐性が問われると同時に，明確な方針をもってこれを用いることが求められるのが芸術療法なのである．

8 集団精神療法

　集団精神療法は，現在ではさまざまな形態をとっている．基礎となる学派によって分類すれば，精神分析的集団精神療法がある一方で，先に紹介したクライエント中心療法の流れを汲むエンカウンター グループがあり，認知行動療法を応用した集団精神療法などもある．また，摂食障害やアルコール依存者，非行少年の集団療法など，疾患や対象年齢によって集団精神療法を分類することもできる．それ以外にも入院治療における患者-スタッフ ミーティング，コミュニティー ミーティング，デイケアで行われる就労支援のためのミーティング，心理教育ミーティングなど目的による分類もありうる．さらに，個人の健康な部分を支える集団療法か，より洞察を深めることを目的とした集団療法かという観点によっても分類することができる．さまざまな病態，対象，形態の集団精神療法が存在し，それを簡単にまとめることはできない．

　しかしそれは，集団に属する個人の成長を促す目的をもっているという点では共通している．その成長が人格の成長である場合もあれば，対人関係のスキルであったり，病理の理解に関する成長である場合もあるが，何らかの成長を促すために行われているということはできるだろう．そして，そのために集団のもつ力を利用するというのが最も際立った特徴である．

　一般に心理療法といえば1対1の関わりの中で行われることが多いが，集団療法では少なくとも3人以上，一般に5～10人程度，多ければ数十人の単位で行われる．そこには「集団力動（グループ ダイナミクス）」とよばれる力が働き，この力にこそ治療的な作用があるとされる．集団は，そこにさまざまな他者が存在するために，個人のもつ問題を顕在化させる力をもっている．そのことは集団への抵抗を生み出したり，葛藤を引き起こし

たりすることになる．そうした感情や葛藤が集団の中に投げ込まれ，集団全体がある問題や困難を抱えることになる．そこには個人同士の反発も生まれれば，治療者への反発が生じることもある．しかし集団にはその中での交流を通して洞察や成長を促す力も備わっているのである．そのために集団の成員それぞれの問題の合成として浮かび上がった集団の問題が，やがてそれぞれの個人の洞察，成長として還元されるようなプロセスが生まれる．こうした一連の流れすべてが集団精神療法の力動であり，また治療のプロセスなのである．

　しかし，こうしたプロセスは自然に生じてくるわけではない．自分の問題が表面化することに抵抗を示す人もあれば，他者の態度に拒否感を示す人もいる．治療そのものに意味をみいださない人もいるだろう．こうしたさまざまな抵抗が，集団であることで何倍にも増幅されることもある．ときにはこうした抵抗が，特定の個人への攻撃として現れてくることもある．それは集団精神療法にとっての危機であり，また攻撃される個人だけではなく，攻撃する側の個人にとっても危機となりうる．人によっては，自身の攻撃性の強さに耐えられなくなったり，攻撃的になることで報復されるのではないかと恐れる人もいるためである．こうした集団や個人の危機を適切に管理することが治療者には求められている．このことは，危機を生じさせないということを意味するのではなく，むしろ危機が生じることは必然であり，この危機がどのように生み出され，またどのように介入することが次の段階に進むために必要なことであるかを考えることを意味している．特に洞察的な集団精神療法ではそうで，そのためには治療者自身の集団の経験，スーパーヴィジョンなどの訓練の経験が必要となるだろう．

　こうした集団精神療法や集団力動の観点は，病気をもった個人のためだけではなく，スタッフ間，さらには施設全体の動きを眺めるときにも有用な視点を提供してくれている．

9 心理劇

　心理劇とはモレノ Moreno J の開発した心理療法の1つで，劇の中である役割を演じることが治療的に作用する，ということの発見がその基盤となっている．モレノが心理劇の中で重視したものは，「自発性」と「役割演

技」という点であるが，前者はさまざまな葛藤的な状況で適切に対応する心の中から生じる力を意味している．後者は劇の中でさまざまな役柄を演じることを指している．劇の中で自発的にある役柄を演じることで，日常ではできない体験ができ，そこで自分を客観的にながめたり，カタルシスや洞察を得ることができる，というのが心理劇の治療的な側面なのである．

　そのためにはどのような劇を行うかが重要となってくる．治療者があらかじめテーマや劇の進行を決めておくこともあるが，多くの場合，参加した集団がウォーミングアップを行いながら，そこで現れた問題や課題を劇へと発展させていく．そのためセリフもアドリブであり，ここに演じる人の自発性と役割演技という治療的作用の働く領域が生み出されることになる．また，演じる人は一人ではないため，そこにこれまでの関係のくり返しや，逆に新しい体験が表現され，それを通じて洞察が可能となっていくのだといえる．

　しかし場合によっては劇を行うことが個人の葛藤や苦しみを増し，役割を演じることで傷つくようなこともありうる．そうならないように劇全体の責任者として治療者の役割を担うのが「監督」である．監督は他にウォーミングアップを通して行う劇の内容をまとめ，「演者」に指示も出す．心理劇では演者が演技しやすいよう支える「補助自我」とよばれる人もいて，監督はこの補助自我と協力しながら劇をつくり上げていくことになる．さらに，周囲には劇をみている「観客」がいて，観客は次の劇では演者となり，演者はまた観客となるなど，参加者はすべて何らかの役割を担い，そこで自分なりの自発性を発揮することが求められる．

　心理劇はその意味で集団精神療法の1つといえる．ただ，他の集団精神療法と異なるのは，それぞれに役割が与えられ，劇を行うという点であり，それが心理劇の特徴である．

　劇が一区切りついた時点，あるいは頂点に達したところで，あるいは必要と思われる時点で監督は劇を止める．そこで参加者による話し合いを行い，それぞれの立場から劇の中で感じたこと，考えたことなどを共有する．この過程にも自己洞察の要素があり，またここから次の劇が生み出される可能性もある．

　こうした劇の行われる舞台は通常3段組みになっており，1番低いところ

が現実，2番目が準備段階，そして3番目が心理劇の舞台となる．これによって劇と現実との移行を可能にしている．監督，演者，観客，補助自我，舞台が心理劇の大きな要素であり，必ずしもそのすべてがなければならないわけではないが，こうして安全な形で劇が行われるように設定しているのである．

10 催眠療法

　現在では積極的に1つの治療法として用いられることは少なくなってきているものの，催眠療法はリラクゼーションの方法として広く用いられている．催眠療法の起源は古く，メスメル　Mesmer F，シャルコー　Carcot J などの手によって，精神分析以前より心的障害の治療法として存在していた．そしてブレイド　Braid J 以降，現在の形での催眠療法が形作られてきた．

　催眠療法が何かを定義することはむずかしいが，簡単にいえばクライエントを催眠状態とよばれる特殊な心理状態に導いて行われる心理療法であるといえる．催眠という現象はまだ充分に理解されているとはいえないため，これを説明することも困難であるが，おおよそ，「トランス」とよばれる現実から遊離した特殊な意識状態となり，他者からの暗示を受け入れやすくなっている状態を指す．この状態では現実との接触が失われ，現実的な判断も停止するため，「暗示」を受け入れやすくなり，症状や不合理な思考・認知の除去を行いやすい．また普段は抑圧している感情を表出できるなど，カタルシスも得やすいとされる．さらに，この状態では生理的な水準で自己回復能力が高まるため，この状態になるだけでも治療的効果がある．こうした催眠状態の利点を生かすのが催眠療法であるといえるだろう．

　その適用範囲は神経症などの心理的な障害，アトピーや喘息などの心身症，乗り物酔いの治療，ストレス解消や緊張緩和の手段，など幅広く，無痛分娩などにも用いられている．暗示には言語が用いられ，その深さは物や音などに集中させるような簡単な水準から，手が近づいていくなどの運動性の暗示，さらに深く眠くなるなどの催眠状態の暗示へと深められていく．催眠状態の深さにはいくつかの段階があり，深い催眠ほど暗示の効果も大きい．必要な段階で必要な暗示を行い，ゆっくりと催眠状態を解いて終わる．これをくり返すこともあれば，面接の間に何度か機会をみて行わ

れるだけのときもある．あるいは1度だけの適用ということもある．

　このような催眠療法が，誰が誰に対して行っても同じ結果が生まれるとは限らないのは，他の心理療法と同じである．そこには治療者の力量，クライエントの暗示性の高さ，障害の重さや発生からの時間（障害が軽く時間の経過が短いほど早く回復する），特に治療者とクライエントの間の信頼関係（ラポール）が大きく関わるのである．

　一般に催眠療法にはテレビのショーとして扱われるような好奇な目や，魔術であるかのような偏見が向けられやすい．しかし，適切に用いればやはり心理療法とよぶにふさわしい効果が，催眠療法にも期待されている．それだけに治療者はクライエントと充分に話し合ってこれを用いることが必要であるし，慎重にそして適切にその適用がなされるよう自制する心がけが必要とされている．

11 自律訓練法

　催眠には自己回復能力があることは述べたが，シュルツ　Schltz J は催眠の本質が筋肉と血管の弛緩であると考え，「自己暗示」による心身の「リラクゼーション」の技法を開発した．これは自己暗示と注意の集中を用いて全身の緊張をほぐそうとするもので，これによって不安の軽減やストレスの緩和がもたらされる．これが自律訓練法である．

　自律訓練法には，一般に「標準練習の公式」とよばれる7つの段階からなる一連の公式がある．その公式は以下のようなものである．

1) 背景公式（安静感）：気持ちが落ち着いている．
2) 第一公式（重量感）：手足が重い．
3) 第二公式（温感）：手足が温かい．
4) 第三公式（心臓調整）：心臓が静かに規則正しく打っている．
5) 第四公式（呼吸調整）：楽に息をしている．
6) 第五公式（腹部調整）：胃のあたりが温かい．
7) 第六公式（頭部調整）：額が涼しい．

　これらそれぞれの公式は，自己暗示のために用いられる．1つの公式を頭の中でゆっくりと反復し，その言葉通りの感覚を感じられるように自然に注意を向けていくのである．たとえば，第一公式であれば，頭の中で公式

をゆっくり反復しながら，実際に手や足の重さを感じられるようになることをめざす．ゆっくりと無言で公式を反復していれば，自然と注意は手足に向くようになり（これを「受け身的注意集中」という），逆に自然に注意が向いて手足の重さを感じられるようになったときに，第一公式を習得したとされる．通常各段階を習得するのに 2, 3 カ月の期間を要するが，一度習得してしまえば生活のさまざまな場面で一人でも行えるため，日常生活で用いることができるという利点がある．

　実際の自律訓練法は，周囲からの刺激のない静かな環境で，安定した受け身的な姿勢をつくることから始まる．それには閉眼したり，仰向けに寝ころんだり，イスやソファーに楽に腰かける方法などがある．その後で先ほどの公式を頭の中でゆっくりと反復し，それによって受け身的注意集中を行う．これを 1 日に 5 回程度，1 回につき 2 ～ 5 分，あるいは 5 ～ 10 分間練習する．練習が一通り終わったら，腕を屈伸させ，深呼吸をして，受け身的な姿勢を解く．このときに，閉眼から急に開眼したり，楽に座っている姿勢から急に飛び起きたりすると，それまで弛緩していた筋肉や血管に急激な負荷がかかることになるため，悪影響を残しかねない．また，これは自己催眠のプロセスでもあるため，急激な催眠の解除は心理的にも負担が大きい．ゆっくりと始め，ゆっくりと終えることが重要である．

　また，受け身的注意集中を行うためには，早く良い状態をつくろうと焦らずに，気分の良いときをとらえて，短時間，そのときの気分の流れにまかせて行う方がよいとされる．日常生活との調和を図ることが大切であり，無理をしても充分な効果は得られないのである．

　自律訓練法の適応範囲は心身症や不安や緊張感を伴った神経症，習癖などの治療に用いられる他，健康増進やストレス解消，あるいは精神統一といった目的でも用いられている．しかし，これは自己暗示の方法であるとともに，はじめは治療者による暗示の方法でもあるため，訓練者と非訓練者の充分な合意と理解がなければ効果はない．そのため，児童，特に 10 歳以下の子どもへの適応はむずかしいとされている．

　現在ではこれは，漸進的弛緩法といった別の方法や，後に述べるバイオフィードバック法などとともに用いられており，これらは心身のリラクゼーションによるストレス緩和を目的としたリラクゼーション法として，児

童へも用いられるようになってきている．その適応領域は医療現場のみならず，学校や職場，家庭など社会のさまざまな場所へと広まっており，ストレス社会とよばれる現代において，さらなる発展が望まれているのである．

12 動作法

　動作法とは，わが国で脳性麻痺児の肢体不自由を改善する動作訓練の中で成瀬吾策によって生み出された心理療法である．他の心理療法やカウンセリングと比べた際の際立った特徴は，他の方法が言葉やイメージ，あるいは行動を媒介として心に接近するのに対して，「動作」を用いるということである．ここでいう動作とは体の動きそのものではなく，「自分の意図通りの身体運動を実現しようと努力する主体者の自己活動の過程」を指している．つまり，いわゆる体の動きとしての動作ではなく，その動きを実現するために主体が行う意図や努力といった体験を含めて動作とよんでいるのであり，この体の動きとその体験に注目するところが，動作法の特徴である．

　脳性麻痺児や自閉・多動の子どもなどは，自由に体を動かすことが困難であることが知られているが，それはそうした子どもが体を動かす際に，うまく力を入れられないからではない．むしろ，必要のない部分にまで力が入りすぎているからだと考えられる．こうした子どもが自分の体を動かそうとしても，必ずしもその意図通りに体が動くわけではない．動作においては，その大部分は意識されていないのであって，その一部分だけが意識されている．そのため自分の努力で体を動かしていながら，勝手に体が動いているという感じ（自動感）をもったり，あるいは誰かに体を動かされているという感じ（被動感）をもったりすることもあるだろう．動作法とは，こうした体を動かそうとする努力が意図通りにならないという体験を，意図した通りに体が動いている感じ（主動感）にかえるための心理療法なのである．そして，それを通して，心の安定を図り，他者とのコミュニケーションが改善することをめざし，さまざまな心身の状態の改善に役立てようとするものなのである．

　実際の動作法では，援助者は子どもに対して適切な課題を設定し，それ

を通して子どもと関わりながら，子どもが主体的にそれを行っているかどうかに注目していく．はじめは援助者がどのような動作をしてほしいと思っているかを伝えていくが，子どもの力の入れ具合や抜き具合などから子どもが主体的にその動作を行えていると判断したら，少しずつ子どもにまかせていく．その過程の中で援助者との「対人交流」と「適切な動作制御」の両方が同時に展開していくのである．

　動作不自由児を例にあげると，課題としては縦系動作訓練とよばれる，あぐら座り，膝立ち，立位，歩行，といった重力に対して垂直に体を維持する訓練が広く用いられている．これは重力に逆らうことで象徴的に，より主体的に世界を体験することをねらっている．この訓練では，縦の方向に力を入れるような援助を行いながら，様子をみて子どもが自分でバランスをとれるように前後左右に体を倒させるような動作を加えていく．そのバランスをとる動作のスピードが速すぎればブレーキとなる方向に援助者が力を入れ，子どもが自分でうまく調整できるようになれば力を抜く．こうした援助者と子どもの動作を通じたコミュニケーションを通して，子どもがその動作に対する主動感をもてるように援助をしていくのである．同時に，言語だけではなく動作を介してのコミュニケーションによって，言語的理解の困難な子どもたちにより具体的な対人交流の機会を提供し，またそのコミュニケーションによって適切な動作制御を可能にするのである．

　動作法は現在他の国からも注目をされる方法として発展し，その対象も身体的な障害や発達障害から精神疾患へ，また子どもから大人へと広がりをみせている．しかし，一方では，体を通してのコミュニケーションが特に自我境界の脆弱な人にとっては侵襲的となる可能性のあることには充分注意を払わなければならないだろう．

13 内観療法

　先の動作法と同様に，内観療法もわが国で開発された心理療法で，もともとは浄土真宗の分派の1つにおける修業であった「身調べ」から吉本伊信が発展させたものである．内観によって自らの生きかたを振り返り，それをこれからの生活に生かしていくのであり，心理療法的効果とともに，自己啓発的な目的としても有用であるとされる．

一般に内観療法では，「お世話になったこと」，「して返したこと」，「迷惑をかけたこと」の3点について集中的に（通常は1週間）これまでの人生を振り返っていく．通常，それは母親にお世話になったこと，母親にして返したこと，母親に迷惑をかけたこと，を中心に行われるが，それは母親との関係が人の成長や人格形成にとって大きな意義があることが，現代的にも認められているからであり，また古くからよく知られている事実だからである．母親への内観を小学校3年まで行い，その後は3～5年ごとに現在まで，あるいは母親が亡くなっているときには，母親が亡くなるまで行っていく．

　母親との関係についての内観が終われば，次に父親，再度母親に対する内観を行う．これによって，1度目よりもよりはっきりと記憶がよみがえり，またそれに伴う感動も大きくなり，より治療的意義の大きいものとなる．

　もしも配偶者などがあれば，配偶者，子ども，祖父母や兄弟姉妹，友人などと内観の対象を広げていくこともあるが，それでも通常は母親に対する内観がもっとも強調されて行われている．

　この1週間の間は内観研修所のような施設に宿泊し，静かな個室で，楽な姿勢で，朝6時～夜9時まで，一人静かに内観を行う．それによって現実から自分を切り離し，自分自身の心や生きかたをとり戻すことを促している．内観の指導者は1～2時間ごとにクライエントの部屋を訪れ，クライエントの内観した内容を3～5分の間，受容的にきいていく．もしもクライエントが内観のテーマに沿っていないときには，それを指摘する．しかしその際にも，無理にテーマに沿った話や内観を行わせるのではなく，あくまでクライエントのペースで，クライエント自身の力で考えることを尊重していく．

　最近ではこれを1週間ではなく，1泊2日，あるいは2泊3日で行うことも増えてきたが，特に精神的な健康度の高い人や，社会的に適応した生活を行えている人には，それでも充分な効果があるようである．しかし疾患の重い人や根の深い問題を抱えている人には1週間の期間でも不充分であり，内観療法後の心理療法的関わりやサポート体制といったことが問題となる．

　それと関連して，内観を行うためにはじっと部屋にこもって内観を行え

るだけの欲求不満耐性が求められ，また自分を向上させようという意欲，指導者への信頼感などが求められる点で，すべての人に対して有効な心理療法とはならないことは，他の方法と同じである．また，虐待や養子縁組み，早期に親を亡くすなど，小さい頃からの親の愛情が欠けていると感じている人には，内観すべきものがないという意味で，この療法を行うことはむずかしい．

それでも，はじめに述べたように，これは自己啓発の目的でも用いられることがあり，企業や学校などでの応用も期待されているところもある．同時に，東洋医学や禅思想が脚光を浴びていることから，海外からの注目も集めている．実際に国外にもいくつかの内観研修所が設立されており，動作法同様に，これからのさらなる発展が期待されるわが国独自の心理療法であるといえるだろう．

14 森田療法

わが国で開発された心理療法のうち，もっとも広範な影響を与え，海外からも注目されているものがこの森田療法である．森田療法という名前が示している通り，これは森田正馬によって体系づけられた心理療法であり，その歴史は1920年からと古い．

森田療法ではクライエントを「とらわれ」の視点からみるが，それは以下のようなみかたである．森田療法においては現在一般に神経症とよばれているものを，「神経質」と「ヒステリー」との2つに分けて考えている．これらの違いは，神経質が自己内省的，理知的であり，神経質傾向にあるのに対して，ヒステリーは感情過敏的，外向的，自己中心的である点である．これらはともに症状や状態を表すものではなく，人がもって生まれる気質的・生来的な素質を指している．森田療法はこのうち，前者の神経質の方に効果があるとされる心理療法であるといわれている．

こうした神経質的な素質（これを「ヒポコンドリー性基調」ともいう）をもった個人が何らかのきっかけによって発症することになるが，そのときには，神経質の内向的な傾向によって，注意が自分の体や精神状態に向けられ，それによって自分の体の感覚や精神状態への気づきがますます鋭くなり，再び注意がそこへと向かうという悪循環が生じることになる．自

分へと向かう注意と，その注意が向かうことで敏感になる感覚とのこの悪循環は「精神交互作用」とよばれるが，それが神経症的症状を生み出すきっかけになっていると考えられている．

たとえば，赤面恐怖は誰かに笑われたとか叱られたとかで，自分の外面や心の状態や考えかたを過度に気にし，そのためにちょっとした表情や考えかたのくせに敏感になり，ますますそれらに注意が向かうことで人の前に出ることに恥ずかしさや怖れを感じるようになる症状であるととらえられるだろう．こうした精神交互作用によって引き起こされる悪循環が「とらわれ」の状態とよばれているのである．

したがって，治療として必要なのはとらわれからの脱却であり，それは「あるがまま」という言葉で指し示される心の状態をもつことであるとされる．その方法として，次のような入院治療が行われる．

a. 第 1 期：絶対臥褥期

4 日〜1 週間の間，クライエントは個室に隔離され，食事とトイレにいくこと以外は起き上がることを禁止され，ひたすら横になっているよう指示される．話をすること，外出，喫煙などはすべて禁止される．この期間に一切の行動を断つことで自分の心身と向き合い，症状をなくそうとか，外見をかえようなどのとらわれた努力を放棄し，それよりも本来自分のしたいことへと向かうエネルギー（「生の欲望」）を満たすための準備をしていく．

b. 第 2 期：軽作業期

続く 3 日〜1 週間の間は臥褥の時間を 1 日 7 〜 8 時間に制限し，昼は起きて外に出て，外界にふれるようにする．しかしこの期間も第 1 期同様やはり面会，読書などは禁止される．簡単な作業を行わせることもある．

c. 第 3 期：重作業期

次の 1 週間前後は，睡眠時間以外の時間を何かの作業にあてていく．それは自分の趣味であることもあるが，庭づくりや大工仕事，手芸，掃除などの比較的エネルギーの必要な作業であることが多い．読書として歴史や

伝記，科学書などを読ませることもする．絶対臥褥期が終わって，軽作業期，重作業期の時期に移ってもまだクライエントはとらわれの状態にあるのがほとんどだが，しかし注意を作業の方に向けることでとらわれの悪循環に陥らないような体験を重ねていくことができる．とらわれた心の状態はそのままにして，注意を悪循環から引き離し，作業ができるという体験，敏感な感覚に注意を向けないという体験を重ねることで，とらわれへの気づきやそれとは異なる考えかたを身につけていくことがここでの目的となるのである．

d. 第4期：生活訓練期

最後の1〜2週間は必要に応じて外出も行い，実生活上必要なことを行っていく時期である．入院しながら会社にいったり，学校にいったりすることもある．この時期はこれまでに身につけた「とらわれ」に陥らない，「あるがまま」の生活のしかたをより定着させ，継続していく時期にあたる．またこの時期に，入院施設内のリーダー役として後輩クライエントを援助することをすすめられることもある．この体験もまたそのクライエントにとっての治療や，とらわれやあるがままの理解を深めるのに役立つと考えられている．

e. 日記指導

入院中には日記指導が課されることもある．その内容についての指示は特にないが，森田療法の理解を深めることが目的とされており，精神交互作用への理解やとらわれた状態での考えかたや行動のしかたへの上手な対処について理解が進むことがめざされている．書かれた日記は通常治療者が目を通し，何らかのコメントをつけてクライエントに返すことになる．

森田療法は入院治療の他に通院でも可能な形で発展をとげており，また入院中に行われたようにクライエント相互の支え合いのために退院後や治療後の集まりを定期的に開いているところもある．上記のようにヒステリー素質の人以外にも，心因反応，強迫神経症などはこの治療の対象からは除外されているが，現在ではその対象を広げるべく，努力がなされており，

啓蒙書も多く出版されている．その意味で，わが国で開発された心理療法としては，もっとも普及しているものであるといえるだろう．

15 行動療法

　行動療法をはじめて定義したのは，アイゼンク Eysenck HJ であり，彼によれば，行動療法とは「現代の学習理論に基づく実験によって基礎づけられたすべての行動修正法」となる．しかし実際にはそれ以降，さまざまな発展を示しているため，これを一言で説明することはむずかしい．

　行動療法においては，問題や症状はすべて，「行動」としてとらえられる．考え方や物のみかた，関わり方，などはすべて行動としてとらえられ，それが周囲のどのような状況で生じるか，がまずは詳しく検討される．そしてその問題が改善するためには，どの行動がどのように変化すればよいか，ということが次に検討される．その後に，焦点となった行動を変容させるために必要な「技法」の選択が決定されていく．

　この変化のターゲットとなる行動とそのための技法が，さまざまな研究者によって集められ，積み重ねられているところが行動療法の特徴であり，したがって他の心理療法のように基本的には創始者の発想を中心にある程度統一された理論的枠組みをもって進められているわけではない．この点が行動療法とは何かを説明することを困難にしている．

　しかし実際の治療においては，これは技法選択の柔軟性をもたらし，特定の問題（たとえば不安障害や過食行動）に対する一群の技法の選択を可能にしたり，あるいは特定の行動に対する複数の技法の選択を可能にするなど，そのときそのときのターゲットとなった行動とその変化の方向にあわせて治療技法を選ぶことができるという利点がある．

　また，治療の対象となる行動もあらかじめ定められているのではなく，クライエントとの話し合いの中で，やりやすいものから，あるいは一番大きな問題となっているものから，または修正がなされることで他の行動へもよい影響を与えるものから，行うなど，比較的自由に設定していくことができる．

　代表的な技法としては，恐怖や不安の対象にあえてさらすことで，恐怖感や不安を消去する「フラッディング」や，恐怖や不安となる複数の刺激

に強弱の段階をつけて，弱い刺激から順に慣れさせていく「系統的脱感作法」などが用いられている．また，他者の行動を観察することで適切な行動を学習する「モデリング」なども広く用いられる技法の1つである．

行動療法はすべての問題を行動としてとらえるという意味で心理療法としては特異な存在であるが，その適用範囲は，初期の恐怖症や不安神経症から，強迫性障害，摂食障害，パニック発作などへと広がりをみせ，また精神科リハビリテーションにおけるSSTをはじめとするコミュニケーションスキルの向上のためにも役立てられている．

16 認知行動療法

認知行動療法は，先の行動療法と，その後に発展を示した認知心理学との融合から生じてきた新しい心理療法である．もともとは認知療法として主にベック Beck ATによって確立された心理療法であるが，その方法論には多分に行動療法的なところがあり，そのために認知行動療法とよばれることが多い．なお，ベックはもともと精神分析的心理療法の影響も受けており，その意味でこれは，それまでの心理療法のある程度のエッセンスをまとめたものということもできるかもしれない．

認知行動療法ではさまざまな問題や症状の背後に認知のゆがみがみられ，したがって治療においてはクライエントの認知のゆがみの修正がめざされている．認知とは，物事のとらえかたや考えかたであり，さまざまなできごとが個人の中でどのように知覚され，意味づけられているかを決定する心的な情報処理過程のことである．これが人によって不適切なゆがみを示しているために，たとえば不安が強まったり，抑うつ気分が強まったりすると考えられている．

ベックはうつに対する認知療法を形成する過程において，この不適切なゆがんだ認知を「否定的自動思考」とよんだ．それはたとえば，自分は何の役にも立たない人間だ，とか，何をやってもうまくいかない，とか，これからもダメなままだろう，といった，ほとんど自動的に頭に浮かんでくるような思考を指している．これはスキーマや仮説，信念といった，心理学的にはより上位の，つまりより抽象化された形で維持されている，世界を把握する枠組みに支えられている．それらが非常に否定的なもの（「非合

理的信念」）であるために，自分に対してのさまざまな否定的な自動思考が生じ，それがうつ症状を生み出すのだとベックは考えた．

　このより上位の信念などは幼少期からの経験の積み重ねによって形成されてきたと考えられるが，精神分析ではそうした幼少期の体験を転移という形で現在の治療関係に移しかえようとする．これに対して，認知行動療法ではその幼少期の体験自体はとり扱わず，現在の否定的自動思考やゆがんだ認知の修正のみをとり扱っていく．この点が，精神分析との1つの大きな違いであるだろう．

　実際の認知行動療法における技法は大きく2つに分けられており，1つは認知的側面への介入であり，もう1つは行動療法的な介入である．前者は否定的自動思考と現在の症状との関連について理論的な説明を行いながら，同時にクライエントと主にどのような自動思考があるか，それがどのように症状と関連しているかを探っていくことから始まる．そしてその自動思考の背後にどのような基本的な枠組み（つまり，非合理的信念）があるかをみつけだし，その修正にとり組むのである．こうした非合理的信念の発見と修正のためには，面接場面だけではなく，日常生活での細かなチェックや努力が必要である．そのため，それをチェックするように日常生活での記録を行う課題を出したり，あるいはその修正に必要な対処法とその結果がどうであったかを記録するような宿題を出したりする．

　行動療法的な介入とは，以上のような明らかになった認知面のゆがみやそれに基づく行動を修正するために，面接場面で実際にロールプレイや自己主張訓練，SSTといった練習を行ってみることで，これまで困難であった行動や思考法を獲得することをめざすものである．

　たとえば，うつの治療においては，宿題として，次の面接までに，どのようなときにどのような感情を抱き，どのような自動思考が生じたか，それに対して理性的に判断するとどう考えられるかなどを記録してきてもらう．これはカウンセラーがクライエントの自動思考などについて細かに知るためであると同時に，クライエント自身にも自分の認知のパターンについて知ってもらうためにも有効なものである．その一方で気晴らしなどのうつと拮抗する，つまり抑うつ気分を打ち消すような活動をとることを指示する．これは1つの行動療法的な介入であるが，それ以外にもできない

と思っていたことをできるような練習を行ったりする．たとえば，何かを頼まれたときの断りかたや，人に自分の気持ちを伝えたいときの伝えかたなどである．それを治療者とのロールプレイとして，実際に練習してみるわけである．

　用いられるさまざまな課題や宿題，記録のとりかたの形式，あるいは対処のしかたや振る舞いかたは行動療法と同様，さまざまな研究者によって研究が進められている．それぞれが単独にその都度組み合わされて使用されることもあれば，たとえば不安障害やパニック発作に対する治療，強迫性障害に対する治療，としてさまざまにまとめられた形で提供されることもある．また，その効果がどの程度あったかについての研究も積極的に行われている．こうした効果研究を含めた治療技法の積み重ねによって，認知行動療法は現在の心理療法の中でもっとも効果的な心理療法として，今後の発展が注目されているのである．

　この治療法による他の特徴としては，治療期間が1週間に1度か2度の面接を15〜25回程度であり，その意味で比較的短期に終わる心理療法であることがあげられるだろう．また，上に示されるように治療者の役割はかなり指示的で，直接的であり，その治療方法はかなり構造化（どのようなことをどのようなときに行うかがはっきりと定められている）されていることも大きな特徴である．

　一方で，特にベックによってこれはうつの治療として注目を浴びたのであるが，必ずしもすべてのうつが非合理的信念や否定的自動思考によって生じるのではなく，逆に抑うつ気分によって認知のゆがみが生じることがある，という批判が寄せられてもいる．また，知的な水準が低かったり，動機づけが低い場合にも適用はむずかしいといわれている．

17 バイオフィードバック法

　バイオフィードバック法とは，クライエントが自己の身体内部の反応を知覚し，またそれを制御することをめざすものであり，それを可能にするためにさまざまな身体内部の反応を視覚化してフィードバック（バイオフィードバック）できる工学的機器の利用を行っているところが特徴的である．こうした工学的機器には，たとえば心拍数や血圧，温度を数値化した

り，グラフ化したり，あるいは色によって示したりする装置が含まれる．

　これが必要とされるのは主に心身症を抱えたクライエントへの治療においてである．それはこうしたクライエントが自分の身体に関する適切な認知を回復し，それを上手にコントロールすることで身体症状の悪化を予防できることが期待されるからである．具体的には，全身の弛緩を目的としたり（たとえば身体を弛緩させることでリラックスした状態を導いたり，それによって全般的な心身の安静を図ったりする），特定の部分の反応を制御することを目的としたり（たとえば，心臓に症状の現れる人では心拍数をコントロールしたり，高血圧として症状の現れる人では血圧のコントロールを行ったり）するために用いられる．

　もちろん，自分の身体内部の反応を制御するといってもすぐにできるものではなく，行動療法における条件づけの技法を用いながらゆっくりと時間をかけてそのコントロールを獲得していくのである．たとえば，心拍のコントロールを獲得するときには，心拍がある範囲を超えると赤いランプがつき，望ましい範囲に収まると緑のランプがつくような形で，身体内部の反応を視覚化する装置を用いる．これによって身体反応への知覚を強化していくのである．言葉をかえれば，ランプの色を用いながら知覚を強め，そのコントロールを行うよう条件づけるのである．これを段階をつけて行っていくが，身体反応をコントロールすることは意図せずに心拍の変化がランプによるフィードバックされる段階から，少しずつ心拍の変化を自分の感覚として感じられるような段階を経ながら，時間的にも，回数的にも緑のランプがつくことが長く，また多くなるように訓練を重ねていくのである（この方法を「シェイピング」とよんでいる）．最終的には，工学的な機器の助けなしに，クライエント自身の感覚だけでこうした制御を行えるようになることが，バイオフィードバック法のねらいである．

　すでに述べたような催眠療法の応用として発展した自律訓練においても，体温のコントロールや心拍数のコントロールを通してリラクゼーションを可能にするなどの形で応用が図られている．

18 家族療法

　家族療法の起源はほぼ 1950 年代にあり，当時，欧米において盛んに行わ

れていた分裂病（現在でいう統合失調症）の家族研究から生まれた，家族機能やコミュニケーションについての理論をとり入れて成立している．一方ですべての事象が互いに関連をもちながら，原因→結果という<u>直線的因果関係</u>ではなく，複数の要素が互いに原因と結果として同時に作用しあうような<u>円環的因果律</u>を想定する<u>一般システム理論</u>による理論的枠組みももっている．これら両者の融合によって形成されたのが家族療法である．こうした視点，研究を技法的，理論的に発展させ，系統立てたのはアッカーマン　Ackerman N で，現在の家族療法はここから始まっている．

　現在一口に家族療法といっても，精神分析的アプローチによるもの，世代論的アプローチによるもの，システム論的アプローチによるもの，行動論的アプローチによるもの，などがあり，さらにそれぞれの中でさまざまな分派がある．代表的なものをとりあげれば，ボーエン　Bowen M による家族システム理論やジャクソン　Jackson D によるコミュニケーション　アプローチ，ミルトン　エリクソン　Erickson M などによる戦略的アプローチ，そしてミニューチン　Minuchin S による構造的家族療法などである．

　これらはすべて現在も発展しつつある家族療法であり，したがって，これを簡単にまとめて説明することはできないが，少なくとも家族全体を 1 つの「<u>システム</u>」ととらえる，という点ではこれらは共通した枠組みをもっている．そして通常は患者，あるいはクライエントとして治療に訪れることになる個人を，むしろそのシステム全体のゆがみや病理，機能障害によって患者となった，ととらえる点も共通である．システムの病理が個人に現れるという意味で，クライエントは「IP（identified patient）」とよばれている．家族療法の治療対象はこの IP を含む家族全体のシステムの病理なのであって，その点が個人を対象とする心理療法とは決定的に違う点であるだろう．

　家族療法において用いられる技法や，誰がいつどのように治療に参加するかなどの設定も学派によって異なるが，ここでも共通しているのは，それが家族システムの変化をねらって用いられるということである．より具体的にいえば，種々の技法は家族の相互作用を変化させるためのものであり，コミュニケーションや関わりかた，それぞれの家族メンバーのとる役割などをこれまでとは違う形に変化させるために使用されているというこ

とである.

　したがって，家族療法においてカウンセラーが直接関わるのは現在の家族の機能のしかたである．その一方でなぜ家族に現在のような病理的なシステムが生じたのかを理解するために，親とその原家族を含めた家系図のような「ジェノグラム」とよばれるものを利用することもある（図21，92頁参照）．これを用いながら，家族の力関係や，そのコミュニケーションのありかた，世代間の境界のありかたなどを図示するのである．

　こうした治療的介入はすべて家族がいる目の前で行われるし，家族の相互作用もまた治療場面で行われる．したがってその変化もまた治療場面でみられる．このように家族療法は，現実生活で営まれている「全体としての家族」をとり扱うために，より直接的で，体験学習的な色合いが強い．こうした設定のおかげで，家族療法には，比較的短期間で有効な介入を行うことができる，という利点がもたらされる．

　その反面，これを行うためには家族の協力が不可欠であり，しばしばクライエントの家族関係が実際に病理的であるために他の家族メンバーが治療に訪れないということもありうる．そうでなくとも，家族全員が治療に訪れることは時間的，経済的負担も大きい．こうした点が家族療法を行う上での1つの困難であり，また家族療法の限界点でもある．

19 ブリーフセラピー

　ブリーフセラピーは近年わが国でも広がりつつある新しい心理療法であり，その発祥は家族療法の中で述べた，ミルトン・エリクソンらの戦略的アプローチである．これは家族療法の1つとして位置づけられるものだが，その中での考え方や，特に催眠療法家として優れていたミルトン・エリクソンの技法や考え方を個人心理療法に応用する形で発展している．

　ブリーフセラピーの大きな特徴は，「解決志向」であるということだといえる．特にこれは精神分析的な心理療法と対立する考え方であるのだが，精神分析が個人の抱えている問題とその背景にある幼児期からの体験に焦点をあてるのに対して，ブリーフセラピーでは，個人の抱えている問題が解決した状態とはどのようなものであるかについて焦点をあてていく．つまり問題については深く掘り下げないで，どのようなときに問題が生じて

いないか，解決の状態としてどのような状態が考えられるか，ということを面接の中で話し合っていくのである．

　問題については深く掘り下げないとはいっても，それを無視するのではなく，どのようなことが問題ととらえられているかについてはできるだけ明らかにしていくことは行う．しかしその際に，過去にさかのぼるということではなく，現在何が問題なのか，どのような問題が生じているかを，特に情緒的な側面ではなく，具体的な行動的な側面から明らかにしていくのである．こうすることで，問題を抽象的でとり組みにくい問題としてではなく，とり組みやすい具体的なものとしてとらえ直すことが可能になる．

　ときに，問題を「外在化」する技法が用いられることがある．これはたとえば，困っているのは（何でもよいのだが）悪い虫のせいだ，というように，本人でも，周囲の人でもない存在に問題の原因を預け，それによって協力してこの問題を解決していく体制をつくり，ときにはそのイメージを用いながら解決の状態へと導いていくような技法である．

　また，「例外探し」を行うことも有用であるとされる．例外とは，問題が起こらない状況，あるいは問題だと思っていることが気にならないような状態，などである．ブリーフセラピーにおいては，これがすでに解決が生じている状態であるとみなされる．何が問題で，それをどう解決するかについては不明なままでも，とにかく問題が生じていない状態が生まれていればそれで充分なのである．したがって，この例外についてきいておくことは，すでにある解決についてきくということを意味している．

　さらに，「スケーリング」も頻繁に用いられる技法であり，これは現在の問題や状態を10点満点で表してもらうものである．これによって問題の程度や，今のクライエントの感じ方を具体的な形に置き換えることができる．さらに，今の状態からもっとよい状態に一点あげるとしたら，と尋ねることで，解決へ向けてどのようなことを行えばよいかを明確にできる．

　ブリーフセラピーではこうして，問題を具体的にしながら，同時に解決を構築していくことになる．それが先の問題を掘り下げないということであり，問題をどう解決するかというよりも，問題の生じていない状態だけに焦点をあててそれをどうつくるかという視点から治療を進めていくのである．

　こうしてある程度問題を明確にし，例外やスケーリングによって解決の

状態を話し合いながら，場合によっては問題となることや望まれる解決の状態が複数出てくることもあるため，続いて，治療の目標を定める作業を行うことになる．これもできるだけ，具体的な形で，また実現しやすいものが選ばれるようにクライエントと話し合っていく．それによって効果を実感できるようにするのである．また，この目標はできるだけ，否定形（～しない）ではなく肯定文（～する）の形で設定されることが望ましく，それもやはり問題を起こさないこと，ではなく，解決をつくり出すこと，を主眼に置いている．

さらに解決をつくり出す上で，有効な技法として「ミラクル クエスチョン」があげられるだろう．これは，もしも眠っている間に奇跡が起きて問題が解決したとしたら，朝起きてどのような変化があるだろうか，と尋ねるもので，こう尋ねることで，解決がなされた状態をより具体的にイメージしてもらうことをめざしている．このイメージがクライエントに解決をつくり上げる上での具体的な方向性をもたらすと期待される．

ブリーフセラピーの介入における基本的な考えかたは，クライエントのもっている「リソース（資源，能力など）」を有効に生かすということである．それを実現するために各技法が用いられ，また，「今うまくいっていることは変えない」，「1度うまくいったものは続ける」，「うまくいかなければ，それを変える」という最低限の介入での解決をめざすのである．こうした関わりかたによって，治療の焦点を広げたり，長い時間をかけることなく，短期で，効率的に治療が進められるとされている．

ブリーフセラピーはアメリカの精神医療現場の経済的要請から発展したものであり，それだけに，一般に10回という短い回数での問題の改善が報告されている．これは従来の伝統的な心理療法（精神分析やクライエント中心療法）からすると，飛躍的な成果でもあり，今後の発展が期待される心理療法でもある．

一方で，こうした解決だけをめざすことが合わないクライエントもおり，また問題の意味や自分の生きかたをみつめ直すことの意義を軽視しているのではないか，との批判も向けられている．こうした点についての発展，検討はこれからの課題であるだろう．

<工藤晋平>

C 臨床場面への応用と展開

1 心理療法の適応

　日本では「カウンセリング」が「心理療法（サイコセラピー）」の同義語であるかのように代表して用いられる傾向が今日でも残っているが，本来，「カウンセリング」とは相談活動一般を意味し，特に人格構造や病理を問題としないことも多い．美容・痩身の領域，または頭髪相談のテレビコマーシャルやパンフレットなどで「カウンセリング」ということばを使っているのを目にした人も多いだろう．このように「カウンセリング」とは，決して心の問題や悩みに対応する相談活動を同定するものではない．心の問題や悩みに対応する相談活動においても，「カウンセリング」と「心理療法」は同じではない．とり扱う問題が「カウンセリング」は「精神生活の中でも意識にある部分を扱う」のに対して「心理療法」は「もっと深層の部分，普段は人の意識にあまり上ってこない部分までも扱う[1]」援助方法である．「心理療法」は実践にあたって，より厳格な構造や枠組みなどが必要になり，セラピストにも，より専門的な知識や技術などの多くの訓練が必要になる．アメリカではアルコール カウンセラーやスクール カウンセラーなどのカウンセラーは大学院修士課程でカウンセリングを修得することが必須条件であるが，サイコセラピーを実践する臨床心理士には大学院博士課程での教育・訓練が必要となることが一般的である．このように，厳密には「カウンセリング」と「心理療法」は異なるアプローチであるが，その他の一般的相談活動と区別する意味で，ここでは「カウンセリング」を含めた専門的な心理的援助を示すものとして「心理療法」という語を用いることにする．

　心理療法にもさまざまな技法があり，また，クライエントの自我水準や状態に応じてその手法を調整する（パラメーター）ので，心理療法への適応について述べるのは，なかなかむずかしいことである．しかし，心理療法を有効に活用するためのクライエント側の要素として，クライエントの自主性，セラピストと同盟関係を築く力，そして衝動性を抱えるある程度

の自我の強さが必要であると考える．以下に詳しく考えてみよう．

　心理療法を求めて来談するクライエントにも，①自発的に心理療法を希望する人のほか，②すすめられて断りきれずに不承不承に来談する人（たとえば，医療機関で主治医にすすめられ，主治医との治療関係を損なわないために来談した人や，保護者に無理やり連れられて来談した子ども，学校で担任に強く導入されて来談する保護者，など），③強制的に心理療法を受けさせられる人（学校で，停学処分などの課題の一環として心理療法を課せられる生徒など）もいるだろう．②や③の場合，本人が来談している以上は，自主性が皆無であるとはいえないが，まずは心理療法への動機づけを確認し高めることが最初の取り組みとなる．なぜなら，心理療法とは「長期にわたって続けられる2人の当事者の契約ないし協約[2]」「われわれが患者とお互いに出会う過程[3]」であって，クライエントとセラピスト，2人の相互作用で進められていくものだからである．ユング Jung CG も心理療法過程をクライエントとセラピストの相互性を基盤としたものであると強調している[4]．心理療法への動機づけがあいまい，あるいは他者からの強制的な導入，すなわち，クライエントの自主性のないままに心理療法を開始・継続しても，クライエントとセラピストの相互作用で理解を深めていく過程はみこめない．それゆえに，先に例をあげたような自主的に心理療法に取り組む動機の乏しいクライエントに対しては，心理療法の前段階として自主性や動機を確認する作業が必要なのである．

　以上のように，心理療法には来談者の自主性が大前提になる．しかし，自発的に心理療法を希望する人の中にも，セラピストに魔術的な期待をもってくる人や，セラピストと楽しく時間を過ごすことだけを目的にするような退行的動機づけで来談する人もいる．前者のような場合でも，1回あるいは数回のコンサルテーションや査定的な意味合いの面接などでは，セラピストの方が積極的に指示や助言をする場合もあるが，継続的な心理療法の場合には，クライエントとセラピストがともに理解を深めていくような関係にはなりがたい．

　後者には恋愛性の転移が伴う関係もあるし，日常生活ではほとんど話し相手のいないクライエントが，自分の話に慎重に耳を傾けるセラピストとの時間を楽しみにして趣味の話に没頭するようなこともある．また，「セラ

ピストは何ごとも批判せずに傾聴する」と思っているクライエントが一方的に愚痴をこぼしてカタルシスを図ろうとしていることもある．一見，クライエントとセラピストの良好な関係のようにみえても，実際には大切な問題を回避することになっていたり，何も進展がなかったり，心理療法の課題と目的をみ失った経過をたどることになることが多く，そのまま継続すると心理療法の目的がきわめて限局されてしまう可能性が高い．自己理解とよりよい適応を求めて来談するクライエントと，心の専門家としてのセラピストが共同作業としての心理療法を有効に深めていくためには，クライエントの自主性だけではなく，クライエント-セラピスト双方がその目的を認識し，目的に向かって同盟関係を築いていくことが必要である．上述のような魔術的な期待をもち来談するクライエントや，退行的動機づけで来談するクライエントなどには治療同盟が築けるように，心理療法に対するクライエントの期待と目標，セラピストに可能な援助を明らかにしつつ共通の目標を確認する作業に重点を置かなければならない．

　心理療法への自主性とセラピストの同盟関係を築き，その経過の中でクライエントの自己理解が深まっていくことが期待されるが，気づきや変化を自らが望んでいながらも，同時にこれらは不安や恐怖を駆り立てるものでもある．不安や恐怖を自我が耐えられる程度に調整するために誰でもさまざまな防衛機制を使うし，セラピストもクライエントの自我水準に合わせたパラメーターを用いるのだが，あまりに不安や恐怖への耐性が低く，葛藤が行動化に結びつく場合には心理療法を行わない選択をすることが多い．日常生活やクライエント自身が破壊されるだけでなく，葛藤が行動化によって一時的にせよ解消されるとそれ以上の自己理解に結びつかなくなるからである．精神分析では分析を受ける期間の禁煙を求める場合もあるほど，葛藤の解消を制限する．心理療法の技法の違いによって，どれほどクライエントの自我の強さが必要かは異なるが，葛藤から生じる衝動性や不安・恐怖を自我が受け止める力は心理療法を行う上で不可欠である．

2 心理療法の始めかた

a．主訴と技法の選択

　クライエントの主訴，相談歴，生育歴，家族関係などの情報を得るため

に，まずインテーク（受理）面接を行う．主訴が現在，非常に注目されている軽度発達障害などの発達的な問題，あるいは，それが疑われる場合には，胎生期，新生児期や乳幼児期からの様子を特に詳しく調べる必要があるので，クライエント本人だけでなく，保護者などの同伴が不可欠になる．発達的な問題の場合に限らず，家族がインテーク面接に参加すると，より客観的な状態像が把握できたり，クライエントが知らない家族の問題や情報が得られたり，さらには，より詳しいgenogram（家族関係図，図21）が得られることで，世代をこえて受け継がれる心の動かし方や世代間連鎖などの特徴が読みとれ，クライエントの主訴・問題の理解や見立てにより有効に作用することが多い．

アルコール問題や薬物嗜癖などが主訴の場合には，仲間とともに問題を解決する方法が有効であることが多く，自助グループや集団精神療法に導入する選択もある．PTSDも「孤立無援の状態から人との繋がりを回復[5]」するために集団精神療法は有効であるが，筆者の臨床経験上，行動化などの深刻な問題も多く，個人精神療法と集団精神療法の併用が望ましいと考える．家族の中に問題を抱えた人が複数人存在する場合で，家族揃って問題解決への意欲の高い場合には家族療法に導入することも考えられる．幼児や児童，ときには思春期以降でも，純粋に言語のみを媒介とする心理療法が困難な場合には遊戯療法や箱庭療法，絵画を用いた面接などが行われ

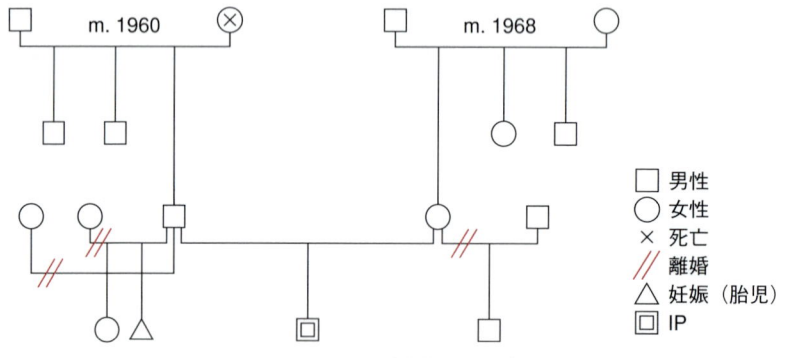

図 21　genogram（家族関係図）の一例

□ 男性
○ 女性
× 死亡
// 離婚
△ 妊娠（胎児）
□ IP

問題をもっている本人を IP (identified patient) として，少なくとも3世代をさかのぼり，それぞれの特徴や関係を調査するので，三代分析とよぶ場合もある．

るだろう．このように，クライエントの年齢や環境，症状，主訴によって，心理療法を選択するが，その他に，クライエントの人格傾向や自我水準を知ることは必要不可欠である．それらを知るために，インテーク面接だけではなく，心理テストを利用する．心理テストは質問紙法と投影法などを組み合わせて施行すると，クライエントの意識的な言動とより無意識に近い言動の差異も読みとれるし，対人関係の傾向を知ることで，性別を含めてどのようなセラピストを選定する方が適当かなどの判断材料にもなる．熟練した臨床家のインテーク面接よりも心理テストのほうがより正確にクライエントの人格構造や自我水準をとらえることができる[6]という報告もあるほどなので，その有用性をクライエントに説明し，心理療法の開始前，遅くとも心理療法開始後できるだけ早い時期に心理テストが実施できることが理想的と考える．医療機関のようにチームで患者の治療にあたっている場合には同じ患者にかかわっている他のスタッフの見立てや情報を参考にできるが，他からの情報を得がたい状況で心理療法を行う場合には特に，心理検査からの客観的データはセラピストにとって羅針盤的な役割を果すはずである．筆者の経験では，心理検査の結果をクライエントと共有しながら心理療法を開始すると，心理療法の経過中に「自分の変化を客観的に理解したい」とクライエントから心理検査を再度，実施したいと要望されることも少なくない．このように心理検査は心理療法の選択や方針の見立てに役立つだけでなく，心理療法の課題や目標，あるいはその経過についてクライエントとセラピストがともに考えるための材料として活用できる．

b．心理療法への導入

インテーク面接や心理査定が終了し，心理療法を担当するセラピストが選定される．心理療法を始めるにあたって，クライエントとセラピストが，今後，進められていく面接の目標や動機づけを話し合い，双方が，ともに今後の面接を進めていけるかどうかを確認するための予備面接が行われる．しかし，予備面接については一般的に知れわたっていないようで，日常的な臨床場面で（医療機関でも大学などの相談機関でも），「セラピストが決定した」と連絡を受けてクライエントが来談するときに，クライエントは

セラピストを自分が選択できるとは考えていないようにみえることが多い．初回面接時から，「待っていました」とばかりに自分を悩ませる問題や主訴を話し出す人も多い．精神分析的心理療法を実践するセラピストは予備面接に3回ほどのセッションを用いることがあるが，その現場の状況で，「予備面接を3回」と確定できないようなときにも，少なくとも初回面接では，クライエントの心理療法の目的と期待，セラピストの可能な援助を明らかにした上で，心理療法の目標を確認することと，面接の構造（場所，時間，面接の頻度，料金，その他）について合意しておくことが必須条件である．

　心理療法の初回面接は，クライエントとセラピストの「出会い」の場であり，その後の関係を決定するといっても過言ではないだろう．先述のように魔術的な効果を期待して来談するクライエントや，強制的に来談させられているクライエントなどは，セラピストが一方的に分析や介入，問題解決を図るような一方的で依存的な関係を期待していたり，あるいは高圧的で叱責されたりするような，いわゆる勾配のある関係を予想しているのだろう．面接の初回に，互いの目標や枠組みなどを話し合い，「このような方法で継続して来談されるかどうか」と尋ねる態度こそが，心理療法が，クライエントとセラピストの相互作用であり，共同作業であり，ともに築き上げていくものであることを示すことになるだろう．初回面接の重要性を強調して，ピーブルズ-クレイガー　Peebles-Kleiger M（2002）[7]は，すべての心理療法過程は，インテーク面接から始まると述べている．

3　心理療法の経過と技法

　心理療法も基盤になる理論や技法によって，経過のとらえ方や対応に差異がある．ここでは，精神力動的心理療法を例に心理療法の経過と技法について説明したい．2005年日本精神分析学会第51回大会への演題募集要項によると，終結症例に求められる条件として「転移関係の中で無意識の葛藤が同定，解釈され，ワークスルーが進んで終結に至った症例」と記されている．すなわち，精神力動的心理療法では，「クライエントのそれまでの生活の中で経験されてきた重要な他者との対象関係が心理療法の中で，クライエントが意識しないままにセラピストに投射（転移）され，さまざまな葛藤を再現する．たとえばそれは，面接を休んだり，中断したくなった

り（抵抗），あるいは，心理療法の中で幼児的に怒ったり，機嫌を過剰に伺うようになったり，頼りない一面が現れたり（退行），するなどの形で現れてくる．それらの具体的な事象を基に，セラピストの理解を告げ（介入：明確化・直面化・解釈），クライエントは過去の重要な対象との関係に大きな影響を受けて，現在の人間関係を生きていることに気づき自己理解を深める（洞察）．この作業を何度も繰り返し，気づきを強化（ワークスルー・徹底操作）していくことを通して，日常生活での適応が増すなどして心理療法が終結される」と非常に簡略化してまとめることができる．以下に，実際の事例の 1 年に及ぶ心理療法経過を示し，心理療法の中で何が起こり，それに対してセラピストがどのようにとらえ，クライエントとともに理解を深めていったのかを考察したい．

a．事例

【クライエント】 20 歳代女性．

【主訴と来談までの経緯】

抑うつ的で外出できなくなり，大学を中退．精神科クリニックを受診し，処方された精神安定剤，1 週間分を衝動的に一度に服用して自殺企図．1 週間，緊急入院治療を受けた．退院後，クリニックの主治医のすすめで，教育機関付設の心理相談室に来談．

【家族】

会社員の父親と専業主婦の母親の 3 人家族．父親は単身赴任中．

【genogram】

図 22　事例の genogram

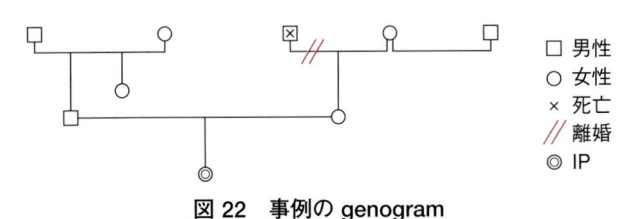

【インテーク面接】

母親と本人が来談し，別々にインテーク面接を実施した．本人は色白で華奢．整った顔立ちで，ゆっくりと丁寧な動作と口調．過度に華美ではな

いが髪型や洋服に気をつかっているようにみえた．「友達も多いし，大学に通えなくなりやめた今も，友達と遊びに出かけることはできるので，自分は人間関係の問題はないと思う．ただ，何をしていても自分の心の中に『これではいけない』という焦りが起きてきて，それがつらい．もっと自分を自由にしたいし，早く何か仕事をしたい」という．母親はクライエントと似た顔立ちの美しい人であるが，せっかちそうに，はっきりと早口で身を乗り出すような姿勢で話す．パワフルなイメージ．「小さい頃から，私が異常に厳しく育てました．私の育てかたが原因であることはもうわかっています．催眠療法を用いて幼いころの思いを吐き出させるやりかたを希望します．本人の担当者は女性がいいと思います．男性には心を開かないと思います」と話す．本人は「セラピストは男性でも女性でもどちらでもかまわない」という．

ロールシャッハテストと文章完成法（SCT）を心理療法開始直後に施行し，本人は表面上のおとなしそうでしとやかな言動とは異なり，内面では少年のような活発さや自由さも備えていることが理解された．知的には相当に優秀で，健康な部分も多く認められるが，来談前の自殺未遂にも現れているような，衝動性を抑制する力が弱く，また，自己評価が著しく低く，自我水準は境界例レベルを想定した．

【心理療法の経過】

予備面接と銘打って行ったわけではないが，クライエントの心理療法に対する希望や目標設定に意識しながら初回面接を進めた．インテーク面接で母親が催眠療法に言及していたことをセラピストから問いかけると，クライエントは「私は催眠療法には抵抗があるけれど」「母は自分の育てかたを反省しているので，そのことを私が心理療法で話して解決する必要があると思っているのでしょう」と述べた．常ににこやかな笑顔を絶やさないクライエントは，「今は母も理解してくれているので，過去のことを今は何とも思っていません．母も私を思って厳しく育てたのだし，それに今は良い母親なので」という．とにかく，「何をやっても途中で挫折してしまい，長続きしないこと，自分の根気が続かないことが問題」だとクライエントはとらえていた．高校も途中から中退を考えるほどつらく，ぎりぎりの出席日数で追試やレポートを提出しながらやっとの思いで卒業し，大学に進

学．アルバイトも継続できないし，楽しく通っていたつもりの大学も，急に「行けなく」なり，自分でも「またか」と混乱して，相談した親友から「甘えに過ぎない．そんな人は軽蔑する．絶交だ」と強く侮辱されたという．また，同時期，交際していた彼氏からも「ほかに好きな人ができた」と一方的に別れを告げられ，気がつくと1週間分の薬を服薬して，病院に緊急入院していたと，自殺未遂の経緯を話す．しかしそれについても「入院したおかげで両親がどんなに心配し愛してくれているかを知ることができました」といい，物事を知的に理解し納得しようと努力しているようであった．これまでにもいくつかの相談機関で心理療法を試みたが，＜どう思ったの？＞と質問されることが多く「自分の気持ちがわからないのに，それを答えるように求められても無理」で，苦痛になり中断したという．セラピストを含め，他者からの期待に応えようとする傾向の強いことを理解し，自殺企図のような衝動性や希死念慮が，今はないことを確認して，当面の目標の一つとして＜自分の気持ちに気づく＞ことをともに設定し心理療法を継続することにした．

徐々に，クライエントは「頭では割り切っているはずなのに」「今でもときどき母親といるときに緊張したり，嫌悪を感じたりする」「全く恨んでいないはずなのに」と涙を浮かべることが多くなった．目に涙をためていてもセラピストの方をみるときには笑顔になるので，＜悲しいときは悲しい顔でいいですよ＞というと「ずっと母から『泣くな』といわれてきた．笑っていなければいけない，とばかり思っていました」と大泣きする．セラピストが＜今は恨んでいなくても，昔のことを思い出すと緊張するのは当然のように思うのですが，恨んでいないのならば思い出してもいけない，という自分への厳しさを感じますが＞と質問すると，「何ごとにつけて完璧主義だと自分でも思う」友人との関係でも「0か100という思考をしてしまう．少しでも『自分の嫌な面をみせたかしら』と思うと，もうつき合えない．ちょっとした意見の衝突だけでももう駄目です．自分でももったいないと思うのですが．仲直りしている人たちをみると『信じられない』と同時に『うらやましい』と思う」また，「対人関係には問題がない，といっていたけれど，一人でいられないから，いつも誰かと遊んでいた．自分がとり残されていないか，悪口をいわれていないか不安で仕方がない．いつも

人と自分を比較して自分が一番でいなければ落ち着かない」と話す．その後，クライエントは「セラピストに嫌われたのではないか」と心配をし「面接にきたくない」というようになる．＜心理療法が軌道に乗ってきて，いろいろな気持ちが浮かんできている．つらいときでもあるが，あなたを理解するうえでとても貴重な時期です＞とセラピストはクライエントにどのようなことが心配になっているのかを教えてくれるように励ました．「『自分が一番でいたい』などという子どもじみた醜い気持ちをきいて，先生は私のことを軽蔑したのではないか」「自分の弱音を吐いてしまったので，先生に叱られるのではないか」など，クライエントは泣きながら話してくれた．＜しっかり話してくれてありがとう．私は決して軽蔑も叱ってもいない．自然な気持ちだと私には思えるのだけれど，どうしてあなたは「子どもじみて」いてはいけなかったのだろうか．「弱音を吐いて」はいけなかったのだろうか＞と質問をし，ともにクライエントの心の動きを探っていった．クライエントが想起していったのは，自分と母親との関係，そして母親とその母親（クライエントの祖母）の関係だった．祖母は幼少時に両親から遺棄されたという生い立ちをもつ．祖母が夫と離婚したとき，子どもの奪い合いになったが，祖母は「子どもを手放さない」ことを何より大事にしてクライエントの母親を引きとった．その後，祖母は母子で生きていくためにお金を多く稼ぐことができることは仕事でも何でも試み，さまざまな男性と関係をもち，入籍したのはクライエントの母親の実父と今の夫だけだが，ときには同棲した男性が事業に失敗して自殺をしたり，あるいは交際している男性によって触法行為に加担させられそうになったりしたこともあるという．そのような祖母の危機をいつも助けるのがクライエントの母親であった．クライエントの母親は子どもの頃から祖母のよき相談者で，世話役で，自分とともに過ごすために苦労をした祖母に忠誠を尽くしていた．クライエントは祖母のために奔走している母親の姿をみて育っており，「子どものために一生懸命な母親のいうことは何でもきき入れなければならない」と思っていたし，自分を叱る母親の姿に「なぜか，母親は弱い人で，かわいそうだ．裏切れない，と思った」という．

また，母親は，祖母が同棲した男性達から「酷い仕打ち」を受けたとクライエントに話していた．「母親の男性への拒否感は相当強いようです」と

話しながら，クライエントは父親と自分の関係についても考え始めた．「小さい頃から転勤族の父親について当然のように家族そろって転居していたのに，ある頃から，父親の職場と家が通勤可能な距離でも父親が単身赴任するようになった」クライエントのことはどんな些細なことでも母親が面倒をみるので，父親の出る幕がなかっただけでなく，母親がクライエントから父親を遠ざけるように動いていたのではないかと気がついた．思春期の頃から，クライエントは「父親は私には無関心だ」と感じており，「大切にされている実感がなく寂しかった」が，それは父親の意思によるもの，というより，「母親の男性への拒否感から，思春期の娘がいる家庭の外へ父親をはじき出したのだろう」「それにも耐えて，一人で家族のために仕事を続けてくれている」父親に感謝の気持ちさえ抱くようになっていった．

　母子関係を中心にクライエントをとりまく人間関係を振り返りながら，「気がつかないうちに，自分はどれほど人に気をつかっていたことか」「人に嫌われることへの恐怖感」の強さを自覚し始め言語化できるようになっていった．それとともに，しばらく交友関係を避けていたのに，この頃から友達と遊びにいけるようになっただけでなく「友達と会うことを楽しめるようになった」「自分の思ったように動いてもいいのかな，という実感が出てきた」と日常生活での変化もみられるようになった．

　そして，それまでの心理療法の中で一度も話題にのぼったこともなかったが，霊能者と決別したことについて報告された．クライエントの母親は結婚以前から折に触れ霊能者を訪れ，人生の決断を委ねてきたそうで，クライエントもときどき母親についていくことがあったという．クライエントが中学生の頃に，その霊能者がクライエントに対して「あなたは諸悪の根源である」といい出し，それを信じた母親が，その後はクライエントをみてもらうために霊能者を訪れるようになった．霊視はエスカレートし，「神からも嫌われ地獄に落ちた蛇の生まれ変わり」「大量殺人を犯し処刑された罪人の生まれ変わり」と告げられ，霊視の際にクライエントはトランス状態に陥って，自分が殺人を犯すシーンをみたこともあるという．ようやく「そんな霊視はもう受けたくない」と母親を説得して，霊能者の脅しを振り切って決別した．心理療法では「自分の子どもよりも，根拠のない霊視を信じ，私を守ってくれなかった母親」への絶望を語るが，その後か

ら，再び「セラピストに嫌われたのではないか」という強烈な不安が生じてきた．セラピストは＜私は霊能者の霊視よりも自分の感覚の方を信じます．今，目の前にいるあなたを大切に思っています．私はこれまでも，今もあなたを嫌ってはいないよ＞と告げるとクライエントは安堵したように泣きじゃくるのだが，それでも「嫌われる」という気持は根強く，「自分のすべてを消したい」「自分以外の誰でもよいから，自分以外のものになりたい」と抑うつ気分と自己否定の強い感情が語られていった．来談後まもなく，クリニックでの薬物治療はなくなっていたが，この強い抑うつ気分の緩和に，セラピストはクライエントに再度，主治医に薬について相談してみるように提案し，このしばらくの間，抗うつ薬を単剤少量，服用することになった．また，醜貌恐怖の症状を呈し，ときには「ありえないことだけれど，顔の部分の配置が日によって異なるようにみえて，恐ろしくなる」とまで訴えた．＜鏡が悪いのかな＞の問いかけに「私が小さい頃から母親は一貫性がなく，急にいうことが全く変わり，自分がどうあれば母親がどうなるのか，全く見当がつかなかった」と想起した．どうしようもないような強い自己否定の気持ちはしばらく続き，セラピストは＜前世をも否定されてきた経緯から，自分の存在を根こそぎ自分で否定し続けてきた気持ちをやっとしっかり意識して直面しているのですね．こんな辛いことができるようになってきましたね．相当に辛い時期だけれど，一緒に乗り越えましょう＞と伝えた．クライエントは「この辛さがいつまで続くのだろう」とこぼしながら，心理療法を継続するうちに醜貌恐怖についても「実際の自分の顔のことをいっているのではない，とわかってきました．私の顔がどんなに素敵なモデルの顔でも，私は文句をいうのでしょう．どうしても自分で自分を良いと思えない」と理解が変化していった．さらには「自分にも良いところがあると頭ではわかります．でも気持が，なかなか頭と同じようには思ってくれません」と話すようになった．自己否定の感情が一掃されることはないが，スポーツサークルに参加したり，アルバイトを始めたり，徐々に新しいことに挑戦し，「ニコニコして楽しくて仕方ない自分を感じます」とか，「心理療法で自分の気持ちを話すうちに，友人にも自然と自分の気持ちを話していることに気づいてびっくりしました．生きるのが楽になっているようです」という変化について話すようになる．また，

恋愛もし,「彼氏を大切に思っていますけれど,今は誰といても,いなくても,自分が自分である気がします」「人を全部は信じていないですよ.以前は相手を 100 ％信じようとしていた.そうすることで自分を保とうとしていたのだと思います」と人間関係の中での自分について話す.「自分の中身が詰まってきた感じがするので,何かに失敗しても起き上がれそうです」と語り,活き活きと日々を過ごせるようになり,心理療法の間隔をあけながら終結へと向かった.

b．考察

　知的にも高く,これまでにいくつかの心理療法を経験していたこのクライエントは,開始当初から今回の心理療法に望む課題や,これまでの心理療法で自分が何に困ったかを理解できていて,クライエントとセラピストの心理療法をとり組む上での同盟関係はたやすく築くことができた.インテーク面接でみられたような,母親がクライエントの心理療法に要望をだして支配しようとする態度や,母親とクライエントそれぞれのインテーク面接でも語られた厳しいしつけなどからも,本人の心の中で母親が大きな存在であることは予想がついたし,それに関連する転移が生じてくるだろうとセラピストは考えた.もしかすると初回からクライエントは母親転移をセラピストに投射し,にこやかに笑顔を絶やさずにいたのかもしれない.「泣く」態度をめぐって,クライエントはセラピストと母親の違いを感じ,これは最初の修正感情体験になったようだ.その後,セラピストに「嫌われる」恐怖が語られ,セラピストは少しも嫌ってもいないにもかかわらず,クライエントは「嫌われたかも」と感じる,そのギャップを明らかにして(転移の解釈),そこからクライエントの心の動きをともにみつめ理解するよう励ました.セラピストに向けられたクライエントの理解や感じかたとセラピスト自身の理解や感じかたとに大きな差異があるとき,それはクライエント独特の心の動かしかたとか過去の人間関係の再現であろうとセラピストはとらえ,そこからクライエント理解を深めていくのである.このようにセラピストの理解・感じかた・感情は心理療法の中でクライエント理解の大きな道具でなければならない.そのためにセラピストは教育分析などを通して,自分の心の動かしかたを極力理解しておく必要があるし,

常に心理療法の中での自分の感じかたや感情は適切であるか，逆転移であるのかどうかなどを検証し続けるのである．この事例のように，クライエントのセラピストに向ける感情が，セラピストにとっては，明らかに自分の感じかたとかけ離れていて，転移であると同定することが容易であるのは，クライエントが神経症圏にある場合か，あるいは相当に病態水準が低い場合かのいずれかである．境界線人格障害などの場合には，クライエントは原始的防衛機制の一つ，投影同一視を用いるので，セラピスト自身もクライエントの指摘が的確であるかのように思え，当然の心の動きなのか，クライエントの転移であるのか，逆転移なのか，さらにはセラピストの転移であるのかさえも同定できないほどに混乱してしまうことがある．

　このクライエントは親への恨みなどの感情に固執することなく，母親や祖母の生い立ちを含め，過去のできごと（人間関係など）を現在の家族関係や自分の心への影響について探索する力のもち主であった．クライエントが家族関係を語るときに，セラピストは頭の中で genogram を描くことで，その関係性を整理し理解するのに役立った．クライエントが自分を取り巻く人々の理解を深めていくことで，母子関係の世代間連鎖，母親への感情も世代を超えて受け継がれていたことに気づき，父親への感情を反転させることができた．それに伴い，日常生活での人間関係も少しずつ好転していった．この時期，実はセラピストは心理査定の結果とのギャップで悩んでいた．心理査定からクライエントの自我水準を境界例水準ととらえていたが，ここまでの心理療法の経過からはクライエントは知的分化度の高い，仮説よりもずっと自我水準の高い人に思えたし，上述のように転移が容易に同定できることからも，神経症圏クライエントとの心理療法経過のように思えたのだった．しかし，その後，心理検査で現れていたようなクライエントの深い傷つきが語られていった．

　「自分の思ったように動いていいのかな」という気づきを実践し，中学時代から通っていた霊能者を拒否することができた．そうなってはじめて，霊能者やその霊視についてのできごとを心理療法の中で話せるようになった．それほど，この霊視の体験はクライエントにとって恐怖のできごとであったに違いない．自分が過去世においてすべての人，神にまでも忌み嫌われる存在であったことをセラピストに伝えた後から，再び「嫌われたの

ではないか」という強い恐怖心が再燃した．この感情はクライエントにとって広くすべての人間にむけられてきたものではあるが，特に母親が「霊能者の言葉を信じて」，クライエントを「神からも誰からも嫌われる，大罪人である」とみなしたことの絶望感がセラピストに投射されたのだろう．セラピストは＜霊能者よりセラピスト自身を信じる＞こと＜目の前にいるクライエントを大切に思っている＞ことをはっきり伝えた．

　真に自分と向き合うとき，心理療法の経過で深刻なうつ状態に陥ることが多い．この時期にクライエントは醜貌恐怖の中でも重症の「顔の部分の配置が変わる」という体感異常のような症状を呈した．この症状がいわゆる抑うつポジションを脱却する際の一時的な症状であるのか，あるいは，重篤な障害の始まりであるのか，セラピストの心が揺れなかったわけではない．心理療法開始直後に試行した心理査定を何度も何度も見直し，やはり精神病圏とは見立てられないし，当初，境界例水準の自我とみなした理由の一つ，テスト上に現れた極端に低い自己評価というのが，この時期に心理療法で語られていた話題と一致すると考えた．この事例は最初に述べたように，教育機関の心理相談室での事例である．チーム医療を行う病院の中での事例とは違い，あまり通院していなかったクリニックの主治医と情報交換をしてその見解を参考にする方法以外は，クライエントを見立てるのはセラピスト一人である．このような心理療法の環境下では特に心理査定からの情報がセラピストの頼りになる．この事例でも，経過中に，心理療法から得た情報と照らし合わせながら何度も心理テストをみ直すたびに，心理療法の方向性を確認し，クライエントの理解を深めることに役立った．セラピストが自分のみたてや方針を過信し自信過剰になることは，クライエントの細かな重要サインをみ落とすだろうし，セラピスト自身の不安への防衛の可能性もあるので自重したいが，しかし，セラピストが自分を一人の人間として，そして心理療法の専門家として，ある程度，ほどよく信じておられる姿がクライエントにとり入れられ内在化されていくように思われる．

　「顔の部分の配置が変わる」ほど，鏡の映し出しかたが変化し，またそれによって，クライエント自身が自分のとらえかたを変化させていったのかもしれない．異常に厳しくしつける母親という鏡，無関心でクライエント

とほとんど関わらない父親という鏡，恐ろしい霊視をする霊能者という鏡などに映ったクライエントは「悪い私」「誰からも嫌われる私」にみえたのだろう．心理療法の中でセラピストへの転移から生じるさまざまな葛藤を手がかりに，クライエントをとりまく人々やできごとを検証しみ直していくことで，何代もさかのぼる世代から受け継がれた流れの中で生きている母親や自分に気づき，それぞれの人々を違う側面から理解ができるようになっていったのだろう．それによって，これまでの鏡が違う鏡となり，それに映る自分の姿も異なってみえるようになったのかもしれない．また，根拠なく自分を歪めて映す鏡は自分の判断で排除する力も身につけた．そのような変化が急激に起こる時期には，「日によって自分の顔の部分の配置が違う」ように感じることも生じうるのだろう．

「嫌われる」という根強い思い込みが，繰り返しクライエントとセラピストの関係の中で再現され，それをとらえて話し合うことで理解を深め，自分自身を少しずつ認め，適切な自己評価ができるようになっていった．そして，当初の目標でもあった「自分の気持ち（に気づき，それ）を話す」ことが心理療法の中だけではなく，日常生活の中でも実践され，クライエント自身が「楽」で「中身が詰まった」感覚を得て，失敗をもさほど恐れることもなく，対人関係を楽しみ深めることができるようになった．インテーク面接でクライエントが語っていた「自分を自由にして」「仕事をする」課題も達成され，それらをクライエントとセラピストで確認しながら，徐々に間隔をあけて心理療法の終結を迎えたのである．

*事例はプライバシー保護のために個人的な情報は加筆修飾してある．本誌に心理療法経過の掲載を承諾してくださったクライエントに感謝を申し上げます．

4 トレーニング―メニンガークリニックの教育・訓練システム

筆者は心理臨床に携わる専門家に必要な訓練は，①「知識」，②「臨床技術」，③自分自身の心の構えや感情の動きなどの理解を含めた「自己理解」という，3つの領域に分けることができると考える．

a．知識

　人間の心の発達についての理論，病理や症状についての知識，心理療法の構造や枠組みについての知識，心理療法の事例などを書籍や論文などを購読したり，レクチャーを受講したり，実際の経験を通して積み重ねたり，調査研究によって追究するなどを通して獲得していく．心の発達や心理療法理論にはいくつもの学派や仮説があり，その多くを習熟する必要はないが，臨床活動を始める（心理療法の事例を担当する）以前に，少なくとも1つの理論を自分の臨床の拠点とできるようにしておくと，クライエントをより客観的にとらえながら心理療法の経過を吟味・検討することが可能になる．認定臨床心理士の資格が5年ごとに更新するシステムであり，その更新のためにいくつもの分野での研修会に参加・発表することが課せられていることからもわかるように，継続して研修を受け，常に最新の情報に精通しておくことが，来談者の人生に触れ，心を扱う専門家としての必要不可欠な姿勢である．

　医療機関，特にチーム医療が実践されている病院では，主治医やチームリーダーの判断によって，クライエント（患者）の治療の一つの部分を担当するという役割分担が明確な形で心理療法が依頼，開始される．しかし，相談機関のように，セラピストが一人でクライエントの訴えをきき，心理療法を行っていくような場合には，自分（の行う心理療法）はクライエントの訴える問題のどの部分に対応できるのか，どのような場合にどのような心理療法以外の対応法をクライエントに利用するようにすすめるのか，などのみたてと自分（の行う心理療法）の限界を知る必要がある．病理やさまざまな障害の症状を理解し，他職種や他機関の活動についても充分な知識と情報をもつことで，心理療法の経過中でもその他の方法を時期を逃さずクライエントに提案することができるだろう．

b．臨床技術

　臨床や発達，人格構造，異常心理学，などに関する知識や理論を実際の臨床場面で活用するための技術である．来談者の言葉，態度などを面接者がどのようにみたて，理解し，どのようなタイミングでどのように介入するのかという臨床技術は，経験によって養われていくものである．それゆ

えに，経験豊かな臨床心理士から**スーパーヴィジョン**を受けることで，この臨床技術はさらに高められる．

　知識と臨床のかけ橋という意味あいの他に，スーパーヴィジョンでは自分と異なる立場や人生経験からの示唆を受けることもできる．たとえば，一人っ子で兄弟のいない心理臨床家には兄弟葛藤のテーマはうまく理解できないかもしれないし，未婚の臨床家が母親面接を担当するときに何らかの困難を感じることもあるだろう．クライエントと同じようなできごとや社会的立場を経験する必要もないし，またそれは不可能なことであるが，スーパーヴァイザーの豊富な臨床経験によって培われた視点や示唆を受けて，スーパーヴァイジーもより広く人間や人間関係を理解し，共感性を深めることができるだろう．

　スーパーヴィジョンには**個人スーパーヴィジョン**，**グループスーパーヴィジョン**などがあり，それぞれの利点がある．グループスーパーヴィジョンでは自分が経験したことのない事例やテーマを，グループメンバーの体験とともに考えることができる．個人スーパーヴィジョンは，面接設定（構造）がクライエント―セラピストとの面接に近似していることからも，スーパーヴァイザーから具体的に臨床場面に活用できる技術を教わるだけでなく，スーパーヴァイジーとスーパーヴァイザーとの関係そのものから，クライエントとセラピストの関係をとらえなおすような作業が，より可能になる．

　自分一人の経験から臨床技術を修得するよりも，経験豊かな臨床心理士からスーパーヴィジョンを受けた方がより多くの技術が得られるのは当然であるし，理想的には複数のスーパーヴァイザーをもつことが望まれる．

c．自己理解

　心理療法はクライエントとセラピストの共同作業であることを何度も強調してきたが，心理臨床場面では，心理臨床家の感受性や価値観が，少なからず心理療法の流れに影響する．学業や学校生活での課題を遂行することに大きな価値観をおいているセラピストはなかなか学校に向かえない長期不登校の相談者に対して不安を感じるかもしれない．また，両親に非常に忠実に育ってきたセラピストは目の前の思春期のクライエントをさしお

いて，意識しないままに相談者の両親のニーズに合わせてしまうかもしれない．「思春期・青年期心性を克服していない臨床家は，思春期の相談者と（不必要に）共鳴し，治療が難航する」と西園[8]が指摘するように，意識化されていないセラピストの傾向によって心理療法が進展しないこともあるのだ．

また，事例で示したように，心理療法経過でクライエントは過去の重要な人物との関係をセラピストに投射してくる．それを察知して，今，心理療法の中で起こっている現象がクライエントの内的世界の投射であるのか，現実的な当然の事象であるのかをみわけられなければ，クライエントの転移を同定することができず，せっかくのクライエント理解を深めるチャンスをみすごすか，場合によっては，クライエントの病理を再教化（再強化ともいう）してしまう結果にさえなりうるだろう．高橋[9]が「患者の心とセラピストの心の交流が治療の基本手段」と記しているように，セラピストの感受性や感覚は心理療法の重要な道具である．この心理療法の道具をみがくためにも自分自身の心の動かし方や傾向について気づき，理解を深める必要がある．

セラピストの自己理解に役立つ方法が，教育分析を受けること，集団精神療法においては体験グループへの参加，家族療法家には自分の genogram をほかの家族療法家とともに分析し，differentiation of self を図ることなどがあげられる．ラーナー Lerner H（1989）[10]やローゼン Rosen E（2001）[11]がいくつも例示するように，誰でも何世代も以前から受け継いでいる人間関係の傾向が意識しないまま身についているものである．家族療法家に限らず，自分の genogram を作成し分析することは貴重な自己理解の方法である．同様に，教育分析はどのような臨床家にとっても非常に有効な訓練である．教育分析によって自分自身の理解が深まるだけでなく，教育分析によって自分自身の変化を体験すると，心理療法の有効性を鮮明に実感・理解できるので，自分がクライエントと心理療法を行う際にも，より自信をもって対応できるようになるだろう．

d．メニンガークリニックにおけるトレーニングシステム

メニンガークリニックは，1925 年，アメリカ，カンザス州の州都トピーカにチャールズ メニンガー Menninger CF とその息子のカール メニンガー

Karl Menninger, ウィリアム メニンガー William Menninger が創設した精神科病院で, 精神力動的な入院治療, 治療共同体理論, そして多種職によるチーム医療で世界的に有名な治療・教育・研究・予防の機関であった. 現在はベイランド大学病院に併合されて, メニンガーの治療部門が残るのみであるが, 筆者が留学した 1980 年代から 1990 年代のメニンガークリニックは入院部門 (CF メニンガー記念病院, サウザーン学校をあわせもつメニンガー子ども病院), 外来部門, 部分入院 (PHS: partial hospitalization service, いわゆるデイケア・デイナイトケア) 部門で構成される治療機関と調査研究機関, 予防を目的とした機関, そして精神科医療専門家のための教育機関, Karl Menninger School of Psychiatry and Mental Health Science (「カール メニンガー精神医学校」と訳されていることが多い) という 4 つの機能をもっていた. 教育機関には精神科レジデントの 4 年間の訓練プログラムとその後の小児精神科医の訓練プログラム (2 年間), 臨床心理学博士課程修了後の 2 年間の訓練プログラム, そしてソーシャルワーカー修士課程修了後の 1 年間の訓練プログラムなどがあった.

アメリカでは, 精神科医学関係の専門家養成のための教育システムは日本といくぶん異なっている. 医師は大学卒業後, 医学校に進学して医学を学び, その後 4 年間, レジデントとしての訓練が必要になる. 州によって若干の違いはあるようだが, 臨床心理士は臨床心理学の修士と博士課程を修了して資格試験を受験して資格を取得する. ソーシャルワーカーは大学院修士課程を修了しなければならない. 臨床心理士には, 臨床心理学以外の分野で修士課程を終え, 臨床心理学の博士号を取得する者もあるが, その場合, 臨床活動はできても, 臨床心理学の調査研究は行えないなどの制限がある. 精神科医レジデントとしての訓練プログラムは必須であるが, 臨床心理士やソーシャルワーカーはそれぞれに資格を取得した後の訓練は定められていなかったし, 当時, 資格取得した臨床心理士のための教育・訓練機関はアメリカの中でもほとんどなかった. したがって, メニンガークリニックの臨床心理訓練生・定員 3 名に毎年, 全米中の熱心で優秀な臨床心理士が応募し, 非常に高い倍率を通過した訓練生が 2 年間のトレーニングプログラムを受けるのだった.

臨床心理訓練生 (post doctoral fellow とよばれていた) は, カール メニン

表3　カール メニンガー精神医学校における臨床心理訓練生のための講義

【必須講義】
- 心理査定バッテリーの試行と記号化（オリエンテーション）
- 調査研究のトピックと要点（120分×3カ月）
- カール メニンガー博士のセミナー（120分×3カ月）
- 病院心理学の原理（90分×4カ月）
- 神経心理査定（90分×3カ月）
- 臨床的見立てとプロセス（90分×通年）
- 心理査定（上級編）（90分×通年）
- 子どもの治療と事例研究（90分×通年）
- 臨床症状（90分×2年間）
- 心理療法の読みかた（60分×通年）
- 心理療法セミナー（90分×通年）
- スーパーヴィジョンの原理（90分×通年）
- 心理療法コントロールグループ（90分×通年）
- 個人精神療法（上級編）（90分×通年）
- 外来患者への診断業務の原理と技術（90分×通年）
- 子どもの心理査定における要点（夏期講習）

【選択講義】
- 家族療法（120分×通年）
- 集団精神療法（80分×通年）
- 児童・思春期の発達（60分×通年）

(Karl Menninger School of Psychiatry and Mental Health Science Teaching Curriculum 1988-89 より)

ガー精神医学校で2年間に20コマの講義を受講する（表3）．それと並行してメニンガークリニックの成人病院・CFメニンガー記念病院（危機介入病棟，短期治療病棟，長期治療病棟，専門疾患病棟），メニンガー子ども病院（短期治療病棟，長期治療病棟），外来部門でスタッフ臨床心理士のスーパーヴィジョンを受けながら，医療現場での臨床活動を実践する．訓練生は約6カ月で配置転換されて，新しい病棟に移り，新しく配属された病棟のスタッフ臨床心理士の指導を受けることになる．病棟などで実施した心理査定は病棟スタッフ臨床心理士がスーパーヴァイズするのではなく，心理査定のためのスーパーヴァイザーが指導する．訓練生1人に心理査定のスーパーヴァイザーとして上級臨床心理士が1人割りあてられているのである．また，配属病棟とは関係なく長期にわたる心理療法を数例担当し，心理療法のためのスーパーヴァイザーが指導する．つまり，訓練生1人は常に3人のスーパーヴァイザー（医療現場の臨床活動，心理査定，心理療

法）をもつことになる．心理査定も心理療法も複数人のスーパーヴァイズを受けることが望ましいと考えられており，心理査定も心理療法も約 10 カ月から 1 年でスーパーヴァイザーが別の上級臨床心理士に交代する．また，メニンガークリニックでは精神科医・臨床心理士・ソーシャルワーカー・看護師などの訓練生だけでなく，スタッフも教育分析や自身の心理療法を受けることができる．訓練生のための講義のほか，訓練生もスタッフも参加できるさまざまな技法のワークショップやセミナーも開催され，体験グループも恒例となっており，あらゆる教育・訓練の機会が継続的に用意されていた．メニンガーの訓練生はスタッフよりは幾分低いものの，生活には充分な給与を受けながらこの豊かな訓練を受けるのだった．

　以上のように，前述の①知識（講義やワークショップなど），②臨床技術（スーパーヴィジョン），③訓練生の自己理解（教育分析）という分野の訓練がメニンガークリニックでは非常に高い質で，豊富に，そして系統的・統合的に行われていた．メニンガークリニックが併合された今，この豊かな訓練を受けることができる機関がなくなったことは残念だが，この訓練システムを日本の教育機関が参考にして，心理療法の訓練プログラムが充実することを願っている．

●文献

1) 丸田俊彦．サイコセラピー練習帳．東京：岩崎学術出版社; 1986.
2) 小此木啓吾，岩崎徹也，訳．（Karl Menninger）精神分析技法論．東京：岩崎学術出版社; 1969.
3) 小此木啓吾．精神療法の構造と過程．精神分析セミナー I．東京：岩崎学術出版社; 1981.
4) 氏原　寛．ユングを読む．京都：ミネルヴァ書房; 1999.
5) 中井久夫，訳．（Herman JL）心的外傷と回復．東京：みすず書房; 1996.
6) Shectmann F, Smith HW. Diagnostic understanding and treatment planning. New York: John Wiley & Sons Inc; 1984.
7) Mary Jo Peebles-Kleiger. Beginnings. NJ: The Analytic Press Inc; 2002.
8) 西園昌久．精神分析治療の展開．東京：金剛出版; 1983.
9) 高橋哲郎．患者から学ぶ．精神療法．1997; 23(6): 596-7.
10) Lerner HG. The Dance of Anger. New York: Harper & Row Publishers Inc; 1989.
11) Rosen EH. Think Like a Shrink. New York: Simon & Schuster Inc; 2001.

＜菊池清美＞

D コンサルテーション・リエゾン活動

1 医療機関におけるコンサルテーション・リエゾン活動

　コンサルテーションとは相談・助言のことであり，リエゾンとは連絡・連携のことである．現在大学病院や総合病院の内科や外科など精神科以外の科が患者の精神症状や異常行動に困ったときに精神科に治療や対応の依頼を行い，その要請に応じて精神科医が他科に出かけていってその科の診療活動に協力することをコンサルテーション精神医学またはリエゾン精神医学とよんでいる．

　歴史的には 1930 年代のアメリカで精神医学と心身医学の躍進期に bio-psycho-social な理解を総合して診断と治療に役立てようということからこのような活動が盛んになり，日本では 1970 年代以降，総合病院に精神科が設置されるようになってからコンサルテーションやリエゾン活動が行われるようになったようである．

　コンサルテーション・リエゾン精神医学について木村（2004）は「身体各科の治療に心理・社会的要因を含めることを重視した精神科との共同治療とその組織化」または，「患者の診断・処置につき，心理学・社会学的観点から専門的助言を提供する．患者の行動の意味を患者自身と治療チームの成員に説明し，患者と治療チームとの間のコミュニケーションを維持し，葛藤を減らす最適な治療環境を維持するための危機介入」であると位置づけている．

　このようなコンサルテーションやリエゾンの依頼が精神科チームの一員である臨床心理士に対して求められるだけでなく，最近では外部の心理臨床家に対してもさまざまな要請が行われるようになってきた．これは心理臨床家に対する臨床各科の種々の依頼，たとえば臨死患者や HIV カウンセリングへの対応要請などに端的に表れている．

　元来，診療各科は治療や療養に伴う患者のストレスや心の問題を潜在的に抱えていたとみられるが，精神科医のコンサルテーションやリエゾン活動を契機にこのようなニーズが顕在化し拡大してきたものと考えられる．

今一つは心理臨床家の専門性が内外に知られるようになってからその専門性を活用しようという関係者の動きも加わってのことと思われる．考えてみれば外科における手術前後の患者の不安，内科領域での難病や慢性疾患を抱える患者のストレス，癌や臨死患者に対するターミナルケアやホスピス，小児科では心身症や思春期やせ症への心理的関与，産婦人科では妊娠，出産，産褥期のマタニティブルーから病・虚弱児の出生，死産などに遭遇する母親の喪の作業へのサポートの問題まで，心理学的ケアや心理臨床家によるコンサルテーションを必要とする事態はかなり潜在していたと推察される．その他医療分野ではこれらのほかにもICU，CCU，透析，臓器移植，先のエイズやその他の生死にかかわる実存的不安や葛藤，治療や長期の闘病生活など，療養過程で起こるさまざまな心理的な問題，すなわち行き場のない患者の怒りや悲哀・喪失など各種ストレスへのケアと対応といったニーズは増大してきていたとみるべきである．この分野でのコンサルテーション・リエゾン活動は今後増えこそすれ，減ることはないであろう．

2 地域におけるコンサルテーション・リエゾン活動

地域におけるコンサルテーション・リエゾン活動はアメリカにおける1960年代のコミュニティー・メンタルヘルス活動の台頭やコミュニティ心理学の誕生が影響していることは述べるまでもない．日本では1975年第1回コミュニティ心理学のシンポジウムが開催されているが，これを機にサイコロジストの地域へのかかわりやコミュニティ・メンタルヘルス活動へのコミットメントが増加してきたと考えられる．

当初は精神医療の開放化に伴う精神障害者の地域におけるサポートやリハビリテーション活動への参画が主であったが，次第にその対象や範囲が拡大し，最近では教育や福祉，乳幼児の発達相談まで大きく広がってきた．このようなかかわりの中で心理臨床家に求められるコンサルテーションやリエゾン活動へのニーズも年々増加してきた．ちなみに子育て支援から高齢者支援，さらに児童虐待，DVなどへの危機介入，犯罪被害者支援，自然災害や事件・事故などへの緊急援助，そしてこれら被害者のトラウマやPTSDへの対応などがあげられる．以上のように人々の苦悩や心の傷つきに対する専門的対応がコンサルテーションやリエゾン機能としても求められ

ているのである．

　スクールカウンセラーとして派遣される学校現場においても従来のいじめ，不登校とは異なる新たな課題への対応に迫られている．最近では学校コミュニティの安全が脅かされ，子ども達を傷つけるようなさまざまな事件が多発している．学校の中だけでなく，生徒の父母や地域の不安への対処，子ども達を守り育んでいく役割をもつ教育委員会や地域の関係者，関係機関，関係団体との連携・協力も欠かせられない．これらに対しては直接のケア・支援の担い手になるだけでなく，関係者をコンサルテーションし，リエゾン機能で支えて行くことも心理臨床家にとってこれからの大切な役割と機能である．

<名嘉幸一>

E スーパーヴィジョンとコンサルテーション

スーパーヴィジョンとは監督指導，監督教育と訳され，経験の浅い初心者が同一分野のベテランの専門家から指導助言を受けることを意味しており，専門的教育・訓練の手法の一つである．

たとえば大学院生が指導教授から受けもちケースの心理テストやカウンセリングについて点検・指導を受ける場合，学生はスーパーヴァイジーで，教授はスーパーヴァイザーとなる．同様に資格を取得したばかりの新人臨床心理士がキャリアの長い経験豊富なベテランの臨床心理士からクライエントの心理アセスメントやみたて，心理療法の方法・経過などについて指導助言を受けながら専門家として成長していくのはスーパーヴィジョンである．

これに対してコンサルテーションとは前項でも述べたとおり相談・助言のことで，多くの場合専門分野の異なる専門家同士が対等の関係の中で，他の専門分野の専門家からその分野にかかわる助言を受けることである．たとえば心理臨床の専門家である臨床心理士が，法的トラブルに巻き込まれたクライエントの法律上の現実問題について法律の専門家である弁護士に相談し，助言を受けるような場合はこれに相当する．この場合，弁護士がコンサルタント，臨床心理士がコンサルティになる．また学校で児童生徒の問題に対処する場合，ここでの主役はあくまでも担任教師であり，あるいは生徒指導担当教師や養護教諭である．したがって解決の困難な不登校問題についてスクールカウンセラーが教師の相談に乗って助言・指導を行うのはコンサルテーションであり，スーパーヴィジョンではない．ここではスクールカウンセラーがコンサルタント，教師がコンサルティとなる．

スーパーヴィジョンとコンサルテーションはその実際と責任および機能が一見似ているようにみえるが両者は異なっている．たとえばスーパーヴァイザーとスーパーヴァイジーの関係は上下の縦の関係であるのに対して，コンサルタントとコンサルティの関係は対等な横の関係である．スーパーヴァイザーやコンサルタントからスーパーヴァイジーやコンサルティが影

響を受ける度合いや自立（律）性の程度も，またクライエントに対する責任性の度合いもスーパーヴァイザーとコンサルタントでは異なっている．

　　　　　　　　　　　　　　　　　　　　　　　　＜名嘉幸一＞

4 ライフサイクルと心理臨床

1 生涯発達とライフサイクル

人の一生にはさまざまなできごとがある．誕生から死に至るまでの間，人はどのように変化していくのであろうか．

これまで人間の発達は，子どもから大人に成長するまでの期間を中心に考えられてきた．しかし，人の一生をながめてみると，生涯にわたりすこやかに生活していくためには，人生の前半だけでなく，成人以降の心身のあり方もとても大切であることがわかる．

生涯発達とは，「生涯を通して人は発達する可能性がある」ということを前提とした考え方である．長い人生の中で，ときには立ち止まったりつまずいたりしながらも，そのつど自分をみつめ直すことによって，人は自分の人生をより味わい深いものとすることができるのである．

エリクソン Erikson EH は人の一生を 8 段階の人生周期（ライフサイクル）に分け，生涯にわたる「発達図式（図 23）」を編み出した．図 23 の対角線の部分に示した項目は，各段階の発達課題である．

本章では，エリクソンの枠組みに沿い，個人のライフサイクルに焦点をあてながら各発達段階の特徴を説明する．その上で，各段階で生じやすい心理的問題と援助の留意点をまとめていく．

2 各発達段階の特徴と心理臨床

a. 乳幼児期

1）乳児期の特徴

乳児期とは，出生からおよそ 1 歳までの時期である．泣いて眠るだけの無力な存在と思われていた乳児は，近年のさまざまな研究により，生後まもないころから人の顔や声に敏感に反応し，周りの人々や外界に自から積極的に働きかける能動的な存在であることが明らかになってきた．

老年期							統合性対絶望
成人期						世代性対停滞	
成人前期					親密性対孤立		
青年期				同一性対同一性拡散			
学童期			勤勉性対劣等感				
幼児期		自主性対罪悪感					
幼児前期	自律性対恥・疑惑						
乳児期	基本的信頼対不信						

図 23 エリクソンの発達図式

〔村瀬孝雄,近藤邦夫,訳(エリクソン EH).ライフ・サイクル,その完結.東京:みすず書房;1982 を参考に作成〕

　特定の人との間に形成される親密な情緒的結びつきを「愛着」(アタッチメント)とよぶ.愛着の発達過程について研究したボウルビィ Bowlby J は,愛着は形を変えながら生涯を通じて存続すると説明した.

　乳児が泣くと,通常,母親(養育者)は,すばやく適切な応答(声かけ,抱っこ,授乳,おむつ交換など)を行う.乳児は自分の泣き声が母親(養育者)をよび寄せ,自分の要求を満たす力をもつことに気づく.こうしたやりとりを通して,乳児と母親(養育者)との間に心理的な絆が形成されていく.このようにして,乳児は母親(養育者)に基本的信頼感を抱くようになる.これが愛着である.

　安定した愛着の中で育っていく乳児は,母親(養育者)の温かなまなざしの中で適切な応答を受けながら,すくすくと成長していく.しかし,母

親（養育者）が乳児の要求を無視したり，気分でかまうなど一貫しない態度をみせたりすると，愛着はうまく形成できない．その結果，乳児は情緒不安定になり，心身の発達が遅れることもある．愛着を形成し，人に対する基本的信頼感を築くことは，乳児期の最も重要な発達課題である．

2）幼児期の特徴

幼児期とは，およそ1歳から5歳（就学前）までの時期である．1歳前後になると多くの子どもは歩き始め，ことばを話すようになる．自分の足で移動し，片言のことばが通じるようになった幼児は，「自分は何でもできる」といった万能感を強め，盛んに自己主張するようになる．次々に「これは何」「どうして」と周りの大人に質問し，好奇心旺盛な時期を迎える．また，いい出したらきかない，人のいうことや与えるものは何でも拒否する，といった反抗的な態度（第一反抗期）をみせる．

乳児期に安定した愛着を形成した幼児は，親（養育者）を安全基地としながら周りに関心を示し，あちらこちらを探索するようになる．こうして行動範囲を広げ，活発に遊び回る中で，幼児は家庭外の対人関係を体験する．そして，他の子どもとぶつかったり受け入れられたりしながら，徐々に集団生活になじむようになっていく．

幼児期の重要な発達課題は，自律性・自主性の獲得である．幼児期になると，子どもは基本的生活習慣（食事，排泄，睡眠など）を身につけなければならない．親は「しつけ」を通して，社会場面にふさわしい基本的な行動様式を身につけさせようとする．

しつけ場面では，しばしば親と衝突することもあるが，その中で幼児は，自分で自分の行動をコントロールする自律性や，自分の意志で行動しようとする自主性を身につけていくのである．

一方，しつけが甘いと，何かにつけて我慢のできないわがままな子どもになってしまう．うまくしつけるためには，親は幼児のわがままを制止する毅然とした態度と，多少の失敗は大目にみる寛容さとを併せもたないといけない．親が口うるさく正しいやりかたを押しつけ，厳しく叱ると，幼児は自信を失くしたり，うまくできないことを恥ずかしいと思って萎縮したりするので，注意を要する．たどたどしくても忍耐強く見守り，うまくできたらほめ，「自分一人でできた，もう自分でできる」という実感をもた

せ，励まし続けていくことが大切である．

3）乳幼児期の心理臨床

3～4歳を過ぎた幼児を親（養育者）から離すと，激しく泣いたりあと追いしたりして強い不安をみせることがある（分離不安）．この場合，愛着形成の不安定さが問題となる．特に，身体・心理・性的虐待や養育の拒否・怠慢（ネグレクト）などの環境下で生育すると，基本的信頼感が充分に育まれないため，その後の子どもの人格形成に深刻な影響を与える．不適切な養育環境にある乳幼児については，早期発見と適切な介入が必要である．

また，きょうだいの出生，入園後の集団生活開始への戸惑い，厳しいしつけによる親子間の対立状態などが長引くと，指しゃぶりや爪かみ，吃音（どもり），遺尿・遺糞（おもらし），夜尿（おねしょ）など，さまざまな身体症状が一時的に起きることがある．こうした乳幼児の不適応反応は，家族関係や環境の変化に子どもの気持ちがうまくついていけないときに生じることが多い．子どもの様子（遊び方や親子の会話）を注意深く観察しながら，生活状況や生い立ち，親の悩みなどをよく聴き，適切な情報提供と環境調整を図ることが大切である．親子間の安定した結びつき，伸びやかで活発な遊び，毎日の規則正しい生活の確立などにゆとりをもって取り組ませることが，改善の鍵である．

一方，幼児期には，乳幼児健診などで運動発達や言葉の遅れなどがみつかり，専門医の診察や発達検査などを経て，「知的障害（精神遅滞）」，「自閉性障害」などの発達障害が明らかになることがある．子どもの障害を告げられた親の衝撃はきわめて大きい．こうした場合，援助者は，まず親が前向きに療育に取り組んでいけるよう家族間の協力体制を調整し，親に寄り添いながら子どもの障害を受け入れるための心理的支援を継続していくことが重要である．

b．児童期

1）児童期の特徴

児童期とは，6～12歳の小学生時代（学童期）を指す．この時期，子どもは一日の大部分を学校で過ごすので，学校生活の適応状況が子どもの成長に大きな影響を与える．

子どもは学校で集団生活を送り，仲間関係，役割活動などを通してさまざまな問題解決方法を身につけていく．また，学業成績・順位などで比較・評価される体験を重ね，さらに，級友からの賞賛，ひやかし，からかい，嘲笑など，周囲の態度によって自分の立場や状況を知る機会も増えてくる．

　このように，仲間との競争や協同を通して，社会生活に必要な知識や技術，友好的で勤勉な態度，対人関係スキルなどを身につけていくことが児童期の発達課題である．

2）児童期の心理臨床

　学業不振を示す子どもで，「文字は読めるが書くことができない」「読めても文章を理解することができない」といった行動がみられることがある．読む・書く・計算するといった特定の作業を行うことに困難をきたす発達障害を「学習障害」（LD：Learning Disorder）という．こうした障害が周囲に充分理解されないと，学業不振の原因を単に甘えやわがまま，努力不足などと思われ，子どもは叱られ続けてしまう．

　このような状態では，勉強嫌いがますます高じ，学校へいくことを嫌がるようになる子も出てくる．子どもの障害を正しく理解した上で，苦手な領域の学習進度をゆるやかにし，教材を工夫するなどの個別的な教育配慮・支援が必要である．

　また，集団生活になじめず，「授業に集中しない」「席をよく離れる」「落ち着きがない」などの特徴を示す発達障害として「注意欠陥/多動性障害」（ADHD：Attention-Deficit/Hyperactivity Disorder）がある．ADHDと診断された子どもについては，医師の投薬，臨床心理士による各種心理検査実施・支援プログラム作成，親や教師の生活・教育環境調整など，チームによる介入・治療・支援が効果的である．

　一方，「不登校」や「いじめ」なども，主に児童期以降に発現する問題である．子ども自身の資質や性格傾向，親子関係や家庭要因だけでなく，交友関係，学級雰囲気，地域風土など，さまざまな要因を考慮した介入が必要である．担任教諭・養護教諭やスクールカウンセラーによる児童・保護者への個別面接，学級全体への介入・教育支援，適応指導教室への通級を活用した学校復帰支援などが有効である．

なお，児童期の子どもは心と身体が未分化なため，不適応状態が身体症状や行動面に現れやすい．頭痛，腹痛，発熱などを訴えて小児科を受診したものの，身体的な異常所見はみられず，心理相談機関に紹介されてくることがよくある．選択性緘黙（特定の場面でだけ言葉を発しない），夜驚（睡眠中に突然叫んだり泣いたりして目を覚ます），チック，脱毛・抜毛，小児喘息などの身体症状は，家庭や学校での生活状況，適応状態とあわせて経過をみていく必要がある．

c. 青年期
1）思春期（青年期前期）の特徴

児童期から青年期の移行期（11〜16歳頃）を一般的に思春期という．第二次性徴（性ホルモンの作用によって生じる身体的発育）を迎えたこの時期の子どもたちは，身体の急激な変化に戸惑う一方で，周りの視線を気にするようになり，他者の目に映る自分の姿に強い関心をもつ．また，異性への興味・関心も急速に高まる．さらに，自分の価値観や自分らしさを確立しようとする模索が，親や教師への批判・反発・反抗（第二反抗期）といった形で表現される．心身発達のアンバランス，大人への甘えと反抗（依存と自立）の混在などから，ささいなことで傷つき，混乱しやすいのが思春期の子どもの特徴である．

2）青年期（後期）の特徴

成人期への移行準備期間（10代後半〜20代）を，青年期（後期）という．身体的，心理的，社会的な変化が急激な時期で，「疾風怒濤の時代」といわれる．また，就職や結婚という人生における重大な選択・決定を前にした「モラトリアム」（心理・社会的猶予期間）として，迷いを抱えながら日々模索する時期でもある．

青年期（後期）の発達課題は，思春期の課題を引継ぎ統合・安定させていくことである．エリクソンは，「自我同一性（アイデンティティ）」の確立という青年期（後期）の課題こそ，ライフサイクルの中で最も重要で，かつ困難な課題であると述べた．自我同一性とは，「これが自分である」という個々の自己イメージが統合された主体的な自己意識のことである．アイデンティティは，子ども時代の自分をいったん壊し，再構築して確立

（同一性達成）されるものであるが，そこに至るまでには，模索の状態（モラトリアム），親の価値観に沿って築いてきた自分のまま仮の安定を保っている状態（早期完了），いまだに自分が何者であるかつかめていない（同一性拡散）状態などがある．

3）青年期の心理臨床

青年期は「子どもではないが，まだ大人ではない」という中途半端な時期である．身体，性，対人関係，価値観，社会的役割などさまざまな面で，子ども時代に築き上げた構造がいったん崩れるものの，それを大人として立て直すことは容易ではないため，大きな混乱・葛藤をきたしやすい．そのため，ライフサイクルの中で，心理的障害や逸脱行動を生じる危険性が最も高い時期である．

図24は，思春期前後にみられる不適応状態，心理的障害を示したものである．この時期の不適応状態は，成長のための混乱と病理・逸脱の程度をみきわめることが大事である．病理については医療的対応（診断・投薬・治療）が必要であり，非行・犯罪などの逸脱行動に対しては，警察・司法・矯正など専門機関の法的規制の枠組みの中で行動修正を図る働きかけが不可欠である．

思春期・青年期の心理的問題への援助には，子どもから大人への発達を

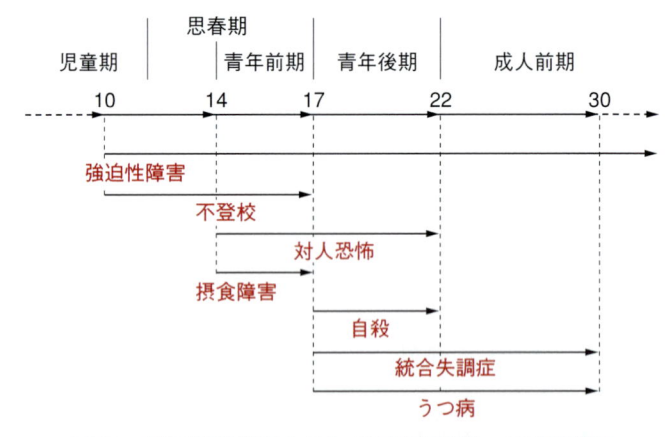

図24 思春期前後にみられる不適応状態・心理的障害
（笠原　嘉．アパシー・シンドローム．東京：岩波書店；1984を参考に作成）

つなぐ視点が大切である．医療や専門機関と連携を図りつつ，心理的障害や逸脱行動の意味を理解し，依存と自立の間で揺れる家族関係，仲間関係のもつれをほぐしながら共感的に関わり支援していくことが重要である．

d. 成人期
1）成人前期の特徴
成人前期とは，青年期（後期）の終了する20代から成人としての生活様式が安定する30代までの時期である．

近年，晩婚や未婚，子どもをもたない夫婦など生きかたの選択肢が広がり，人々の意識やライフスタイルは多様になった．しかし，依然としてこの時期に，就職・結婚（出産）といった人生の方向を定める重大な選択・決定をする人は多い．職場や家庭などさまざまな生活領域において，他者と親密なかかわりをもち，社会人（職業人・夫や妻・親）としてのライフスタイルを確立していくことが，成人前期の発達課題である．

2）中年期の特徴
中年期（40〜60代）は人生の折り返し地点から後半に向かう時期である．人生の前半，心身は発育・拡大の方向にあったが，中年期を迎える頃にはこうした成長は一段落する．以後，体力や気力の衰えもみえ始め，今までと同じような活力を維持することが困難になる．また，中年期以降は，人生の残された時間が徐々に少なくなってくることを意識せざるをえない時期でもある．

一方，中年期を迎える頃，子どものいる家庭では，子どもはちょうど思春期前後の年齢に達している．父親・母親として，ときには子どもの反抗や拒絶に耐える壁となって自立を支えなければならない．子育てにおいて迷いや悩みの多い時期である．

エリクソンは，成人期の発達課題は「世代性」であるとした．家庭や職場・地域の中で，親や指導者として次世代を育み見守ることに関心をもち，そうした役割を積極的に担うことが，成人期の重要な課題であるといえる．

3）成人期の心理臨床
結婚をし，夫婦として新しい家庭を形成していくためには，精神的・経済的自立が重要である．また，子どもが生まれると，仕事の継続，経済的

な配分，家事・育児の分担，各自の時間の過ごしかたなど，暮らしかたの再編成やパートナーとの新たなルールづくりが必要になる．

こうした過程で，夫婦関係のゆがみや価値観の相違，内面の未熟さが顕在化し，家庭生活がうまくいかなくなることがある．夫婦間のわだかまりは，子どもを不安定にさせ，親子関係や子どもの人格形成にも悪影響を与える．

一方，子どもの自立や父母世代を看取った後に急に役割喪失感に襲われたり，不況による職場環境の悪化や失職で追いつめられて無力感や孤独感にさいなまされたりするなど，中年期は多くの危うさをはらんでいる．特に近年，中年期の男性自殺者が急増しており，心の危機は深刻であることがうかがわれる．

成人前期までは，家族や他者，社会の中でうまく折り合い，現実的な解決を図っていくための具体的な支援や生活上の工夫が必要であるが，中年期以降は，これまでの生き方をみつめ直し，これからの方向を模索するための内面的な援助が重要になっていく．

e. 老年期
1）老年期の特徴

老年期はライフサイクルの最終段階（おおむね65歳以上）である．

心身機能の衰え，社会的役割の喪失，身体の不調，死への恐怖や否認など，これまで老年期は衰退の時期と考えられてきた．しかし，エリクソンは老年期に発達的意義を認め，老年期の発達課題を「統合」と考えた．これは，自分の人生を振り返ったとき，人生全体が意味あるものとして受け入れられる状態のことをいう．エリクソンの考えかたは，老年期へ「生涯発達」という新たな視点を与えた．残された時間の過ごしかたに価値や意味をみいだし，心豊かな生活を送ることが，老年期の重要な課題である．

2）老年期の心理臨床

高齢者の支援には，身体機能や痴呆・疾病に関する判定・診断，家族の協力と情報収集，医療・介護スタッフとの連携などが欠かせない．

また，配偶者との死別はこの時期に心理的打撃となることが多い．遺された人は，悲しみの気持ちが長く続き，孤独と不安に襲われたり，無気力

になったりしやすい．できるだけ孤立させずに周囲との交流を保ち，時間をかけて遺された人の悲しみの気持ちを周囲が受け止め，支えていくことが大事である．

　支援者に求められることは，高齢者の人生全体を視野に入れ，これまでの生きかたをゆっくりと振り返る時間を大事にすること，そして，本人の語りに耳を傾け寄り添う姿勢である．自分の人生に意義や価値をみいだすことができれば，やがて訪れる死に対しても，いくぶん穏やかな気持ちがもてるようになっていくであろう．

　支援にあたっては，高齢者への敬意の気持ちと慎みある態度が，何よりも大切なことと思われる．

＜井村弘子＞

5 心理臨床活動の領域

1 教育の領域

a. 教育の領域における心理臨床活動

　教育の領域における主な心理臨床活動には，小・中・高等学校での学校教育相談（スクールカウンセリング），大学などでの学生相談のほか，都道府県立・市立などの専門機関（教育センター，青少年センター，教育研究所，教育相談所などの名称で設置）での教育相談がある．

b. 教育の現場と心理臨床

1）学校教育相談（スクールカウンセリング）

　近年，学校現場では，不登校やいじめ，心身の不調，学業不振，校則・規律違反行為，怠学・非行，学級崩壊などの問題が増加している．多様化・深刻化する悩みや問題を抱える児童・生徒へ対応するために，1995（平成7）年から文部省（現文部科学省）は「スクールカウンセラー活用調査研究委託事業」を開始し，臨床心理士などをスクールカウンセラーとして公立の小・中・高等学校に試験的に派遣してきた．配置校は年々増え，2001（平成13）年からは全国の公立中学校すべてにスクールカウンセラーを配置することになり，今後さらに拡充の方向にある．

　スクールカウンセラーは，さまざまな不適応傾向のある児童・生徒への面接相談，教職員へのコンサルテーション（課題解決を中心とした介入についての情報交換や助言），保護者との個人面接のほか，児童・生徒への「心の授業」の担当，教師・保護者対象の研修・講演会の企画・実施，地域の専門機関との連携など，総合的な援助活動を展開している．

2）学生相談

　学生相談は，大学・短期大学・高等専門学校などの学生を対象にした，生活全般の適応と心理的発達を援助する活動である．多くの大学などには，

「学生相談室」「カウンセリングルーム」といった名称の相談室が設置されている．ここでは，進路や修学上の問題（学業，就職・進路決定），対人関係の問題（友人，異性，家族，教員，セクシャル ハラスメント），生活上の問題（サークル・課外活動，経済問題），心理や性格の問題（自己理解，不適応），心身の健康問題などを扱っている．

近年，社会人や留学生など多様な学生が入学してくるようになったこともあり，学生が抱える問題はより複雑になり，相談件数は増加している．学生相談担当者（カウンセラー）は，単位修得方法や休学・復学手続などに関する情報提供や助言，自分の適性・性格の理解促進を目的に行う心理教育的相談，不適応状態改善に向けた心理療法，心身の病を抱えながら学ぶ学生への療学援助などを組み合わせ，柔軟に対応している．

3）専門機関（教育相談所・教育センターなど）での教育相談

公的機関である教育相談所や教育センターなどでは，地域の教育相談窓口として，児童・生徒や保護者への個別相談活動，教師への支援を行っている．また，各教育委員会が運営する適応指導教室は，不登校児童・生徒の個別相談や遊戯療法などの心理的なサポートとともに，個別学習・体験教育などの学習支援を行っている．適応指導教室への通級が在籍学校への出席扱いになることもあり，不登校児童・生徒の居場所として，家庭と学校をつなぐ重要な役割を担っている．

2 医療・保健の領域

a. 医療・保健の領域における心理臨床活動

医療・保健の現場では，多くの臨床心理士がさまざまな業務・活動に従事している．この領域における主な心理臨床活動には，病院（総合病院各科，精神科）・クリニック，保健所や精神保健センターなどにおける心理検査，心理臨床面接，心理療法，社会復帰援助（各種相談活動，デイケアやリハビリテーションなど）がある．

b. 医療・保健の現場と心理臨床

1）病院・クリニック

医療現場の中で心理臨床が最も広く入りこんでいる領域は，精神科の分

野であろう．また，1996年に医療法の中で心療内科という標榜診療科名が正式に承認されて以来，心療内科を掲げる医療機関も増えてきた．心療内科では，心身医学の観点から心身症（心理的要因が密接に関係して発症した身体疾患）を中心に診療しているが，施設によっては，精神科領域の患者をみるところもある．

　病院の精神科には，単科の精神病院と総合病院の精神科とがある．近年，クリニックと称した診療所（医院）も増えている．心理職はこうした精神科医療の現場で，臨床心理学の知識と技術をもつスタッフとして早くから重要な役割を担ってきた．精神科領域での心理職の業務は，心理検査の実施・解釈・報告（心理アセスメント），心理臨床面接（受理面接，病棟での日常生活場面面接など），心理療法・カウンセリング，社会復帰援助（生活療法，デイケア，退院患者へのフォローアップなど），院内スタッフへのコンサルテーションなどである．

　一方，子どもの心と身体は未成熟・未分化であるため，子どもが示す身体症状の中に不適応のサインが表れていることもある．頭痛，腹痛，発熱，その他の身体症状を訴えて小児科外来を受診したものの，身体的な異常所見は認められない場合，心理臨床的な対応が必要になる．また，幼児期から児童期にかけて，発達障害（学習障害や注意欠陥/多動性障害など）が問題となる際，心理職による心理検査・知能検査の実施（アセスメント），個別支援プログラムの作成，親や教師への生活・教育環境面の助言・調整などに関して心理臨床の知識や技術が有用である．さらに，小児科病棟に長期入院している子どもへの学習支援や心理・発達的サポートなど，小児科領域での心理職の果たす役割は大きい．

　ところで，近年，医療技術の進歩によって，生まれる前に胎児の健康状態を医学的に診断する出生前診断が可能となった．出生前診断で胎児異常が判明した場合，妊娠を継続するかどうかを妊婦自身が（パートナーとともに）決定する．こうした出生前診断に際して行われるカウンセリングは，遺伝カウンセリングとよばれる．医学的知識に裏づけされた情報提供のみならず，今後の健康問題への対処や人生設計に関して，少しでも納得のいく意思決定ができるように導く関わりである．新しい領域だけに，日本では遺伝カウンセリングに心理職が関与することは未だ少ないが，意思決定

をめぐる迷いや不安を共有する心理的支援は，今後，重視されていくであろう．

内科領域で心理臨床活動が必要とされる場面は増えている．特に，HIV（ヒト免疫不全ウイルス）/AIDS（後天性免疫不全症候群）に関連した問題を抱える人々に対する心理的援助活動は，HIVカウンセリングとよばれている．心理職は，現在のところ派遣カウンセラーという形で関わっている場合が多く，HIV感染者，家族，関係者へのカウンセリングを担当している．HIVカウンセリングは，行われる時期や病態の進行によって異なる支援が必要となる点に特徴があり，抗体検査前後のカウンセリング（感染不安をもつ人へ感染予防につながる情報提供，検査結果を待つ間の不安軽減など），陽性告知後のカウンセリング（死への恐怖・社会的偏見や差別の克服，人生や生きがいについてのみ直しなど），感染者カウンセリング（健康維持，治療に対する不安軽減，服薬支援など）のほか，家族・パートナー・関係者へのカウンセリングや，医療スタッフ（医師・看護師・薬剤師・ソーシャルワーカーなど）との連携（コンサルテーション）など，さまざまな支援活動が展開されている．

老人病棟や癌病棟など末期医療に関わる心理職は，死に出会うことがある．死はどの人にもやがて訪れるものであるとはいえ，患者それぞれの個別性や価値観の相違を無視して一様にとり扱えるものではない．近年，死に臨む人に対して，QOL（quality of life）を尊重し，痛みの緩和や病名告知（インフォームド コンセント）を積極的にすすめ，病を受容しそれとつきあいながら，残された人生を有意義に生きるホスピスでの医療が注目されてきた．医療領域の心理職の役割として，死に向き合う患者やその家族への心理的援助は，今後，ますます重要になっていくと思われる．

2）保健所・精神保健福祉センターなど

保健所では，地域の公衆衛生全般の向上・増進活動のほか，地域住民の心身の健康の維持・向上に関する相談事業，訪問指導，健康診断や各種検査などを行っており，心理職は主として各種相談活動に従事している．また，精神障害に関する相談や緊急支援を行い，精神障害者の社会復帰を援助する専門機関として，精神保健福祉センター，リハビリテーションセンターなどが設置されている．精神保健リハビリテーションとは，精神障害

者が病院を退院後，自宅で生活を続けながら社会復帰していく過程を支えるための地域における心理・社会的援助のことである．

　在宅の精神障害者を対象とした**精神科デイケア**は，施設への通所という形で心理・社会的援助を行う精神保健リハビリテーションの方法である．デイケア施設には，病院やクリニック付設のデイケア，独立施設のデイケア，精神保健福祉センターなどでのデイケアなどがある．デイケアの活動は，スタッフ（精神科医，精神保健福祉士，看護師，作業療法士，臨床心理士など）と利用者（メンバーとよばれることが多い）によって構成・運営されている．デイケアでは，集会・ミーティング，スポーツ，絵画・手工芸，料理，SST（社会生活技能訓練）などさまざまな活動が行われている．守られた空間の中で他者との共同活動を通して対人関係スキルを向上させ，自分の能力や可能性を開発・確認しながら自立して社会生活を送っていく心構えをつくっていくことを目的としている．また，作業を通して精神障害者の社会復帰をめざした施設として，家族会や関係者・関係団体が設立・運営している共同作業所（精神障害者小規模作業所）がある．

　精神疾患は，服薬中断や精神的ストレスによって再燃・再発することが少なくない．退院してすぐ社会生活を始めるより，いつでも出かけていけるデイケアや作業所で，顔なじみのメンバーに会い，理解のあるスタッフに守られながら，ゆっくり社会復帰の準備をすることは重要である．ここでの心理職の役割は，精神科医や精神保健福祉士などと連携しながら，日常的な関わりの中で精神障害者の対人関係を広げ，心理面での成長を援助していくことである．

3　福祉の領域

a. 福祉の領域における心理臨床活動

　福祉の領域で心理臨床の専門家が活動している主な機関には，児童相談所，児童養護施設，児童自立支援施設など（児童福祉分野），身体障害者・知的障害者更生相談所，身体障害者更生援護施設，知的障害者援護施設など（障害者福祉分野）のほか，高齢者福祉施設や，女性センター・婦人相談所などがある．

　福祉業務の対象者は，子ども，障害者，高齢者，女性，生活困窮者など，

何らかの困難を抱え，社会的援助が必要だとされる人々である．福祉領域の心理職員は，そのような人たちの立場を守りながら，それぞれが幸せな生活を送れるよう心理的援助を行っている．

b. 福祉の現場と心理臨床
1) 児童福祉分野

児童相談所では，18歳未満の子どもの不登校や非行，性格行動上のさまざまな問題，発達の遅れなどの症状・障害に関する相談，保護者の事情によって生じた養育上の問題に関する相談，子どもの児童福祉施設入所や里親への委託に関する事項などの業務を行っている．虐待されている疑いのある子どもなどは，生命維持に関わるだけに緊急な対応が求められ，必要な処遇が決定するまでの間，親元から離して一時保護することもある．

児童相談所の心理職は「児童心理司」と称され，相談・保護された子どもの発達状況や資質，心理的状況などについて，心理テストや面接・行動観察などを通して総合的な診断を行う．判定・処遇会議では，心理的所見，児童福祉司による社会調査結果，医学診断などを基にし，児童の健全育成のために必要な措置（施設入所や里親委託など），児童や保護者・家族への働きかけや，関係専門機関による継続的援助などについて検討し，子どもに関する相談ごと全般の解決にあたっている．

保護者の何らかの事情（家出，失踪，死亡，離婚，入院，服役など）によって子どもを家庭で養育できない場合や，子どもの心身に深刻な影響を与えるほどひどい虐待がなされているような場合，子どもの保護・養育が緊急に必要となる．児童養護施設は，こうした子どもたちに安定した基本的生活の場を提供し，子どもの健やかな成長を職員が見守るとともに，家族の不協和，保護者の拒否的な関わりなどで傷ついた子どもたちの心の回復を図っている．また，児童自立支援施設は，主に非行などの問題のある子どもたちを対象にした入所施設であり，このような施設での心理職の配置も増えつつある．

児童養護施設に入所中で，被虐待など家庭内の問題を背景にもち，心理的な治療を要する子どもが増加してきたことから，2000（平成12）年度から児童養護施設への心理療法担当職員の配置がなされるようになり，以後，

配置施設は拡充されている．**虐待**を受けた子どもは，表面的には落ち着いているかにみえても，それまでの苦しくつらい体験を心の中に抑えており，日常生活場面でさまざまな行動上の問題を示す．周囲の大人に対して挑発的な言動を示すことで大人から怒りや攻撃性を引き出したり，些細なことで怒りの気持ちを抱えて，破壊的行為や自傷行為を生じたりすることもある．心理療法担当職員は，遊戯療法（箱庭や人形を使ったプレイなど）を通して，子どもを一定の枠組みの中で受容しながら，抑えられた感情を徐々に表出させ，心の傷となっているさまざまなできごとをていねいにみ直す関わりを行っている．また，子どもの日常生活の場である施設において，生活支援を直接担当する職員に対して，心理療法の経過，今後予想される行動や変化，職員の対応などについてきめ細かく報告・助言し，施設内の援助関係を整えていくことも心理療法担当職員の大切な役割である．

2）障害者福祉分野

身体障害者・知的障害者更生相談所（総合福祉センター，リハビリテーションセンターなど），身体障害者更生援護施設や知的障害者援護施設の心理職は，障害者に対する各種認定や施設入所のための心理診断業務，入所者への指導・援助，心理療法などの業務に従事している．この分野では，医師や看護師，社会福祉士，理学療法士，作業療法士，言語療法士など他の専門職員と連携して業務にあたることが多い．さまざまなハンディキャップを回復させるためのリハビリテーションと並行し，受傷・発病後の障害を受け入れることができるよう心理的援助や家族への個別面接も行う．

障害者福祉分野における心理職は，障害をもつ当事者が現状において示しうる能力などを客観的に評価・判定するとともに，各自の能力や適応力，性格傾向などを考慮して指導・処遇プログラムを作成している．その際，今後の可能性を予測し，もてる能力を充分に引き出せるような方法・環境調整などについて，当事者や家族へ助言・指導を行うことが大切である．

3）その他

高齢者施設における心理臨床現場では，痴呆が疑われるクライエントの状態像をできるだけ正確に把握するための検査・診断や，心身の健康を維持・促進する個別面接・集団心理療法・回想法などの心理療法，家族への支援，施設職員と家族との関係調整などの業務を行っている．

また，女性保護・福祉関連の施設（女性センター，婦人相談所など）では，配偶者や恋人などパートナーからの暴力（ドメスティック バイオレンス：DV）への対応，DV などで傷ついた女性の心身の健康回復，女性の自立を援助するための相談などに，心の専門家として心理職が関わっている．

4 司法・矯正の領域

a. 司法・矯正の領域における心理臨床活動

司法・矯正の領域で心理臨床の専門家が活動している主な機関には，警察，家庭裁判所，少年鑑別所，少年院，拘置所，刑務所，保護観察所などがある．これらの専門機関は相互に関係をもちながら，非行・犯罪の捜査・相談，非行少年や犯罪者の処遇と更生を促す活動に関わっている．

b. 司法・矯正の現場と心理臨床

1）警察

警視庁や各都道府県の警察では，少年相談センターなどを設けて，心理専門職員が少年の非行やその他の問題行動に関する電話相談，来所相談などを受けつけている．

また，DV（ドメスティック バイオレンス），性犯罪，暴力などの犯罪被害者に対する相談・支援活動も行っている．安全な生活の場の確保，具体的な助言（病院を受診して診断書を作成してもらう，被害届を作成して警察へ提出する手順・方法など），不安や情緒的混乱への対処などについて，危機介入や個別カウンセリングを行ったり，専門の医療機関・福祉施設へつないだりして対応している．

2）家庭裁判所

家庭裁判所は，夫婦・親子・親族間の問題（家事事件）と，非行問題（少年事件）を取り扱う機関である．家庭裁判所調査官が，当事者や少年との面接（必要に応じて各種心理検査）を実施したり，関係者への照会や面接調査を行ったりしながら，家庭内紛争や非行の背景にある問題究明へ接近していく．家庭裁判所調査官は，心理学の知識や技法を活用して科学的な調査を実施するとともに，家族・親族や関係者に働きかけ，人間関係のもつれをほどき，環境調整を図りながら，家庭内のさまざまな問題解決へ

の支援を行っている．

3）少年鑑別所・少年院・拘置所・刑務所

法務省矯正局の管轄下にあるこれらの矯正施設には，法務技官という心理専門職員が勤務している．法務技官は各施設において，被収容者の資質鑑別・分類調査（非行少年や犯罪者の資質や人格特性，心身の状態などを，面接や各種心理テスト，行動観察などの科学的調査によって明らかにする），処遇指針作成（非行や犯罪の進度，問題性に応じて，非行・犯罪性改善のために適切な処遇・指導・治療方法や教育プログラムを策定する）などの職務に従事している．

非行少年を収容し，社会生活に適応させるための矯正教育を行っている少年院では，少年の内面に働きかける心理療法・処遇を実施し，各少年の問題性に応じた治療プログラムを通して非行性改善を図っている．実践されている主な治療的処遇技法には，内観療法（身近な人々との過去の関わりを想起させることによって自己洞察を得る技法），心理劇（即興的な演技による情動的解放），役割交換書簡法（ロールレタリング：相手になったつもりで自分あての手紙を書き，それに返信するといったやりとりをくり返しながら共感性を養う技法），箱庭療法などがある．

なお，少年鑑別所では，家庭裁判所から送致された収容少年への対応だけでなく，広く一般の外来・電話相談にも応じている．近年，地域社会の非行防止に寄与するために一般相談を推進する方向にあり，一般相談のための独立した建物を設置している少年鑑別所も増えている．

4）保護観察所

保護観察所は法務省保護局の管轄下にある機関である．保護観察官という非行・犯罪臨床の専門家が，ボランティアである地域の保護司と連携して，非行少年や犯罪者の社会復帰を図っている．審判や裁判の結果，社会内で更生を図ることが適当と判断され保護観察に付された者や，少年院や刑務所を仮出院・出所した者などは，一定期間，保護観察所の観察（保護観察官や保護司と定期的に面接し，遵守事項の確認，生活状況の報告などを行う）に委ねられながら社会内で生活していくことになる．

また，保護観察官は，地域住民と協力して非行や犯罪の予防・防止活動を推進する業務も行っている．

5 産業領域

a. 産業領域における心理臨床活動

近年,働く人たちのメンタルヘルスや職場内での適応問題が大きな課題となり,産業領域での心理臨床活動の重要性が注目されている.産業領域で心理臨床活動を担う心理職は,従業員への個別面接(カウンセリング)や,キャリア開発支援を主な業務としている.

b. 産業の現場と心理臨床

1) 個別面接(カウンセリング)

現代の職場においては,企業間競争の激化,OA 機器の導入,海外赴任・単身赴任の増加,配置転換やリストラといったように,働く人にとってストレスを強めるさまざまな要因が多々ある.そのような環境下で心身の調子を崩し,不眠・疲労・食欲不振,頭痛,無力感や出社拒否といった精神的な症状を訴える人は増加の一途である.さらに,近年,過労自殺者の急増など一層深刻な事態となり,職場のメンタルヘルスの重要性が注目されるようになってきた.そのような経緯もあり,企業内に「相談室」「懇談室」などといったカウンセリングルームを設置し,従業員のカウンセリングを行うところが増えてきている.

うつ病や統合失調症,アルコール依存や重度の神経症などの精神障害に対しては,外部医療機関での投薬治療が中心となるが,カウンセラーは早期発見・治療導入へのサポートと,治療後の職場復帰支援を中心に関わることになる.また,職場の上司からもち込まれた長期欠勤や意欲減退のケースなどに対して,必要な対処法をコンサルテーション(問題解決に向けた助言・連携支援)することもカウンセラーの大切な役割である.

また,特に器質的異常が認められず,ストレスが原因と思われる心身の不調に対しては,症状への対処についてカウンセリングで解決方法をみいだしていく.そのほか,職場内外での対人関係,家族関係,恋愛・結婚,経済的問題など生活全般にわたる相談ごとについて個別カウンセリングで扱い,従業員の心身の健康回復を図っている.

2）キャリア開発支援・メンタルヘルス支援

　管理職や新入社員への研修の中で，メンタルヘルスや人間関係，課題解決能力の開発に関するプログラムを提供することも，企業内カウンセラーの業務の一つである．従業員に対して，職業人としての仕事設計の確立（キャリア開発）を援助する相談業務は，今後，産業（企業内）カウンセラーの重要な役割となると思われる．

　なお，近年，医療・教育・福祉などの領域で対人援助職に就いている人々（看護師，教師，社会福祉士など）の間で，「燃え尽き状態（バーンアウト）」が問題になっている．バーンアウトとは，今まで意欲的に働いていたのに，まるで燃え尽きたかのように急速に働く意欲が著しく低下することで，消耗感（疲れ果てて何もしたくないという気持ち），脱人格化（仕事への無関心，仕事が面倒に感じてどうでもよくなる），達成感の後退（仕事をやりとげた感じがしない，挫折感がつのる）といった症状を呈する．バーンアウトの背景には，職場の労働条件や作業環境（待遇・忙しさの程度・組織体制など），個人的要因（性格傾向・ストレス対処方法など）があり，職場ストレスをうまく処理できないときに適応不全に陥り，バーンアウトを経験するということが明らかになってきた．その際，職場内での人間関係（上司や同僚との関係）が円滑であれば，バーンアウトは未然に防止できる可能性があること，広い対人的ネットワークをもち，職場内外に支援者が多い人ほどバーンアウトからの回復が早いことなどが示唆されている．

　働く人の心身の健康に大きく影響する職場内の対人関係や上司・同僚のサポート体制など，快適な職場環境づくりに関する助言，ストレス診断やメンタルヘルスの視点からみた職場環境などの評価・改善については，今後，産業領域における臨床心理士が取り組むべき主要な課題になるであろう．

＜井村弘子＞

6 心理臨床における倫理

臨床と実践活動における倫理の重要性

　医の倫理については，古代ギリシャの医師ヒポクラテス Hippocrates（BC460〜377頃）による有名な「ヒポクラテスの誓い」がよく知られている．医学研究における医師の倫理については第二次大戦中のユダヤ人に対するナチス ドイツの非人道的な生体解剖や生体実験に対する真摯な反省から生まれた「ヘルシンキ宣言」（1964）がある．また患者の権利については，アメリカ病院協会による「患者の権利章典」（1973）や「患者の権利に関するリスボン宣言」（1981）などがある．

　日本においても江戸前期の儒学者，教育家，本草学者として知られる貝原益軒（1630〜1714）による「貝原益軒醫箴」がある．それによると，益軒はその養生訓において次のように述べている．「醫とならば，君子醫となるべし，小人醫となるべからず．君子醫は人の為にす．人を救ふに志專一なるなり．小人醫は我が為にす．我身の利養のみ志し，人を救ふに志專ならず．醫は仁術なり．人を救ふを以て志とすべし．是，人の為にする君子醫なり」

　また同じく江戸末期の蘭医　緒方洪庵（1810〜1863）が「扶氏醫戒之略」の中で「人の為に生活して，己のために生活せざるを醫業の本體とす」とか「病者に對しては唯病者を視るべし．貴賎貧富を顧ることなかれ」，また「同業の人に對しては，之を敬し，之を愛すべし．決して他醫を議すること勿れ」と戒めている．

　このように人の身体と生命にかかわる医師については，古来高い倫理性が求められてきた．ひるがえって人の心にかかわる心理臨床家についてはどうであろうか．APA（アメリカ心理学会）はその倫理基準の中で心理臨床に携わる者の行動規範について次のように規定している．

　1）相手を傷つけないこと．

2) 訓練と能力の範囲で活動すること．
3) 相手を利用・搾取しないこと．
4) 人としての尊厳に敬意を払うこと．
5) 守秘義務に従うこと．
6) 相手との同意の範囲で活動を行うこと．契約と目標を明らかにする．
7) 臨床心理行為に説明責任を持つこと．インフォームドコンセントを守る．
8) 社会的平等と正義の枠内で活動すること．常識をはみださない．

　一方わが国では日本臨床心理士資格認定協会（1990年），日本心理臨床学会（1998年），日本臨床心理士会（2004年）がそれぞれ倫理綱領や倫理基準，倫理規定を制定している．
　これら各団体の倫理綱領の前文を紹介すると以下のようになる．

日本臨床心理士資格認定協会 臨床心理士倫理綱領（1990年8月1日）

　「臨床心理士は基本的人権を尊重し，専門家としての知識と技能を人々の福祉の増進のために用いるように努めるものである．そのため臨床心理士はつねに自らの専門的な臨床業務が人々の生活に重大な影響を与えるものであるという社会的責任を自覚しておく必要がある．したがって自ら心身を健全に保つように努め，社会人としての道義的責任をもつとともに，以下の綱領を遵守する義務を負うものである．」

日本心理臨床学会 倫理綱領（1998年9月21日）

　「日本心理臨床学会会員は，その臨床活動及び研究によって得られた知識と技能を人々の心の健康増進のために用いるよう努めるものである．そのため会員は，常に自らの専門的な臨床業務及びその研究が人々の生活に重大な影響を与えるものであるという社会的責任を自覚し，以下の綱領を遵守する義務を負うものである．」

日本臨床心理士会 倫理綱領（2004年3月20日）

　「日本臨床心理士会は，財団法人日本臨床心理士資格認定協会が認定する臨床心理士の職能団体として会員が提供する専門的臨床心理業務の質を保

ち，業務の対象となる人々の基本的人権を守り，自己決定権を尊重し，その福祉の増進を目的として倫理綱領を策定する．会員は，上記の目的にそうよう，専門的職業人であるとともに一人の社会人としての良識を保持するよう努め，その社会的責任及び道義的責任を自覚し，以下の綱領を遵守する義務を負うものである．」

　以上，どの団体の前文も大方似たような内容・構成で人権の尊重，専門性の自覚と努力，社会的責任などについて触れている．多少ニュアンスは違っても心理臨床家として求められる基本は同じだということである．
　以下，各条文では心理臨床家が遵守すべきことがらとしてそれぞれ責任，技能，査定，援助・介入技法，秘密保持，研究，他専門職との関係などについて規定している．
　要点をまとめると大体次のようになる．
　　1) 自らの専門的活動に責任を負う．
　　2) 何よりもクライエントの人権を尊重する．
　　3) 常に専門家として研修・研鑽を怠らない．
　　4) クライエントに決して害を与えない．
　　5) 守秘義務を守る．
　　6) 他の専門職を尊重し，連携する．
　　7) 資料の公開には公正を期し，誇張しない．
などとなる．これらの条文ごとの規定および詳細については上記3団体の倫理綱領を資料として添付するので参照されたい．

（資料1）日本臨床心理士会倫理綱領

制定：2004年3月20日

　日本臨床心理士会倫理規程第3条に基づき，本会会員（以下「会員」という．）の倫理綱領として以下を定める．

前　文
　日本臨床心理士会は，財団法人日本臨床心理士資格認定協会が認定する臨床心理士の職能団体として会員が提供する専門的臨床心理業務の質を保ち，業務の対象となる人々の基本的人権を守り，自己決定権を尊重し，その福祉の増進を目的として倫理綱領を策定する．会員は，上記の目的にそうよう，専門的職業人であるとともに一人の社会人としての良識を保持するよう努め，その社会的責任及び道義的責任を自覚し，以下の綱領を遵守する義務を負うものである．

第1条　基本的倫理（責任）
1　会員は，基本的人権を尊重し，人種，宗教，性別，思想及び信条等で人を差別したり，嫌がらせを行ったり，自らの価値観を強制しない．
2　会員は，業務遂行に当たって，対象者のプライバシーを尊重し，その自己決定を重んじる．
3　会員は，対象者に対する心理査定を含む臨床心理行為を個人的欲求又は利益のために行ってはならない．同時に，対象者が常に最適な条件で心理査定を受けられるように，心理査定用具及びその解説書の取扱いには十分に留意する．
4　会員は，自らの知識，能力，資質及び特性並びに自己が抱える葛藤等について十分に自覚した上で，専門家としての業務や活動を行う．
5　会員は，心身の健康のバランスを保つとともに，自分自身の個人的な問題が職務に影響を及ぼしやすいことを自覚し，常に自分の状態を把握するよう努める．
6　会員は，専門的技能を高めるために切磋琢磨し，相互の啓発に努め，他の専門家との連携及び協働について配慮し，社会的信頼を高めていくよう努める．
7　会員は，各種法規を守り，財団法人日本臨床心理士資格認定協会の定める臨床心理士倫理規定及び臨床心理士倫理綱領並びに関連規定を遵守するとともに，本倫理綱領を含む本会の規約及び関連規程を遵守する．

第2条　秘密保持
　会員は，会員と対象者との関係は，援助を行う職業的専門家と援助を求める来談者という社会的契約に基づくものであることを自覚し，その関係維持のために以下のことについて留意しなければならない．
　1　秘密保持
　　業務上知り得た対象者及び関係者の個人情報及び相談内容については，その

内容が自他に危害を加える恐れがある場合又は法による定めがある場合を除き，守秘義務を第一とすること．
2　情報開示
　個人情報及び相談内容は対象者の同意なしで他者に開示してはならないが，開示せざるを得ない場合については，その条件等を事前に対象者と話し合うよう努めなければならない．また，個人情報及び相談内容が不用意に漏洩されることのないよう，記録の管理保管には最大限の注意を払うこと．
3　テープ等の記録
　面接や心理査定場面等をテープやビデオ等に記録する場合は，対象者の了解を得た上で行うこと．

第3条　対象者との関係

　会員は，原則として，対象者との間で，「対象者―専門家」という専門的契約関係以外の関係を持ってはならない．そのために，対象者との関係については以下のことに留意しなければならない．
1　対象者等に対して，個人的関係に発展する期待を抱かせるような言動（個人的会食，業務以外の金品の授受，贈答及び交換並びに自らの個人的情報についての過度の開示等）を慎むこと．
2　近隣地域に自分以外の臨床心理業務を提供する専門家がおらず，既に知人である人に対して，やむを得ず必要な臨床心理業務を提供せざるを得ない場合には，他の関連する専門家・専門機関に紹介を行うことに加えて，既に社会的関係を有している臨床心理士が臨床心理業務を提供することの問題点についても十分な説明を行った上で，対象者の自己決定を尊重すること．

第4条　インフォームド・コンセント

　会員は，業務遂行に当たっては，対象者の自己決定を尊重するとともに，業務の透明性を確保するよう努め，以下のことについて留意しなければならない．
1　臨床心理業務に関しての契約内容（業務の目的，技法，契約期間及び料金等）について，対象者に理解しやすい方法で十分な説明を行い，その同意が得られるようにする．
2　判断能力等から対象者自身が十分な自己決定を行うことができないと判断される場合には，対象者の保護者又は後見人等との間で十分な説明を行い，同意が得られるようにする．ただし，その場合でも，対象者本人に対してできるだけ十分な説明を行う．
3　契約内容については，いつでもその見直しの申し出を受け付けることを対象者に伝達しておく．
4　自他に危害を与えるおそれがあると判断される場合には，守秘よりも緊急の対応が優先される場合のあることを対象者に伝え，了解が得られないまま緊急の対応を行った場合は，その後も継続して対象者に説明を行うよう努める．

5 対象者から，面接の経過及び心理査定結果等の情報開示を求められた場合には，原則としてそれに応じる．
  6 面接等の業務内容については，その内容を客観的かつ正確に記録しておかなければならない．この記録等については，原則として，対象者との面接等の最終日から5年間保存しておく．
  7 対象者以外から当該対象者についての援助を依頼された場合は，その目的等について熟考し，必要であれば対象者を含めた関係者との話合いを行った上で，対象者及び関係者全体の福祉向上にかなうと判断できたときに，援助を行う．

第5条　職能的資質の向上と自覚
　会員は，資格取得後も専門的知識及び技術，最新の研究内容及びその成果並びに職業倫理的問題等について，研鑽を怠らないよう自らの専門家としての資質の向上に努めるとともに，以下のことに留意しなければならない．
  1 自分自身の専門家としての知識・技術の範囲と限界について深い理解と自覚を持ち，その範囲内のみにおいて専門的活動を行うこと．
  2 臨床心理業務にかかわる臨床心理援助技法等を業務において使用及び標榜する場合には，その実施に足るだけの研修を既に受けていること．
  3 心理査定及び心理療法並びに地域援助などの専門的行為を実施するに当たっては，これまでの研究による十分な裏付けのある標準的施行方法により行うことを原則とする．やむを得ず，実験的段階にある方法を用いる必要が生じた際には，対象者に対し，十分な情報提供を行い，同意を得た上で実施すること．
  4 心理査定の結果及び臨床心理的援助の内容等，会員がその業務において行った事柄に関する情報が，対象者又はそれ以外の人に誤用又は悪用されないよう，細心の注意を払うこと．
  5 自分自身の専門的知識及び技術を誇張したり，虚偽の情報を他者に提供したりしないこと．
  6 自分自身の専門的知識及び技術では対応が困難な場合，又はその際の状況等において，やむを得ず援助を中止若しくは中断しなければならない場合には，対象者の益に供するよう，他の適切な専門家や専門機関の情報を対象者に伝え，対象者の自己決定を援助すること．なお，援助の中止等にかかわらず，他機関への紹介は，対象者の状態及び状況に配慮し，対象者の不利益にならないよう留意すること．
  7 会員が，臨床経験の浅い者に職務を任せるときは，綿密な監督指導をするなど，その経験の浅い者が行う職務内容について自分自身に重大な責任があることを認識していること．

第6条　臨床心理士業務とかかわる営利活動等の企画，運営及び参画
　会員は，臨床心理業務とかかわる営利活動及び各種研修会等を企画，運営及び参画する際には，独善的な意見及び主観的な見解に終始しないように努め，臨床心理

士としての公共性と社会的信頼を失しないようにしなければならない．同時に，臨床心理士としての責任を自覚し，以下のことに留意しなければならない．
1　個人又は営利団体等の主催する「カウンセラー養成講座」「自己啓発セミナー」などの営利活動の企画，運営及び講師等としての参画に際しては，受講者等が臨床心理士の養成課程と混同するような誤解を生じさせないよう努めること．
2　テレビ，ラジオの出演又は一般雑誌等への執筆においては，対象者に関する守秘義務はもちろんのこと，対象者の人権と尊厳を傷付けることがないよう細心の注意を払うこと．また，心理査定用具並びにその具体的使用法及び解釈法の公開は避けること．

第7条　著作等における事例の公表及び心理査定用具類の取り扱い
　会員は，著書や論文等において事例を公表する場合には，対象者のプライバシーや人権を厳重に保護し，以下のことに留意しなければならない．
1　事例を公表する際には，原則として，対象者本人及び必要な場合には，その保護者又は後見人等の同意を得るとともに，対象者等が特定されないような取り上げ方や記述について細心の工夫を行う．
2　記述に当たっては，対象者本人及びその家族等の人権や尊厳を傷付けるような表現は厳重に戒める．
3　事例における臨床心理援助技法及び活動については，誤解を招く記述は避け，さらに，臨床心理士として用いる援助技法及び援助活動を正確かつ適切に記述する．
4　事例の公表は，今後の臨床心理業務又は臨床心理士の活動に有効かつ有益であることが基本的前提である．したがって，その事例の公表は，社会的な意義を有するものであることが第一義であり，営利的活動や業績蓄積が主な目的であってはならない．
5　著書及び論文等の公表に際しては，先行研究をよく検討し，それら先行研究を盗用したと誤解されないような記述に努める．
6　心理査定に用いられる用具類及び解説書の出版，頒布に際しては，その査定法を適切に使用するための専門的知識及び技能を有しない者が入手又は実施することのないよう，十分に留意しなければならない．また，心理査定用具類は，学術上必要な範囲を超えてみだりに開示しない．

第8条　相互啓発及び倫理違反への対応
　会員は，同じ専門家集団として資質の向上や倫理問題について相互啓発に努め，倫理違反に対しては，以下のとおり対応するとともに，各都道府県臨床心理士会の倫理担当役員及び日本臨床心理士会倫理委員会の調査等に積極的に協力しなければならない．
1　臨床心理士として不適当と考えられるような臨床活動や言動に接した時に

は，当該会員に自覚を促すこと．
 2　知識，技術，倫理観及び言動等において臨床心理士としての資質に欠ける場合又は資質向上の努力が認められない場合，同様に注意を促すこと．
 3　上記1及び2を実行しても当該会員に改善がみられない場合，又は上記1及び2の実行が困難な場合には，客観的な事実等を明確にして各都道府県臨床心理士会又は日本臨床心理士会倫理委員会あてに記名にて申し出ること．

附　則　本倫理綱領は平成16年3月20日より施行する．

(資料 2) 日本心理臨床学会倫理綱領

制定: 1998 年 9 月 21 日
最近改正: 1999 年 4 月 4 日

　日本心理臨床学会は，日本心理臨床学会倫理規程第 2 条の規定に基づき，この倫理綱領を定める．

前 文
　日本心理臨床学会会員は，その臨床活動及び研究によって得られた知識と技能を人々の心の健康増進のために用いるよう努めるものである．そのため会員は，常に自らの専門的な臨床業務及びその研究が人々の生活に重大な影響を与えるものであるという社会的責任を自覚し，以下の綱領を遵守する義務を負うものである．

(責任)
第 1 条　会員は，自らの専門的業務の及ぼす結果に責任をもたなければならない．
 2　会員は，その業務の遂行に際しては，対象者の人権尊重を第一義と心得て，個人的，組織的及び政治的な目的のためにこれを行ってはならない．

(技能)
第 2 条　会員は，訓練と経験によって的確と認められた技能によって，対象者に援助・介入を行うものである．
 2　会員は，前項の援助・介入を行うため，常にその知識と技術を研鑽し，高度の技術水準を保つように努めるとともに，自らの能力と技術の限界についても十分にわきまえておかなければならない．

(査定技法)
第 3 条　会員は，対象者の人権に留意し，査定を強制し，若しくはその技法をみだりに使用し，又はその査定結果が誤用され，若しくは悪用されないように配慮を怠ってはならない．
 2　会員は，査定技法の開発，出版又は利用に際し，その用具や説明書等をみだりに頒布することを慎まなければならない．

(援助・介入技法)
第 4 条　会員は，臨床業務を自らの専門的能力の範囲内で行い，対象者が最善の専門的援助を受けられるように常に努めなければならない．
 2　会員は，自らの影響力や私的欲求を常に自覚し，対象者の信頼感又は依存心を不当に利用しないように留意しなければならない．
 3　会員は，臨床業務を行う場合においては，職業的関係のなかでのみこれを行い，対象者又は関係者との間に私的関係をもってはならない．

（研究）
第5条　会員は，臨床心理学に関する研究に際して，対象者又は関係者の心身に不必要な負担を掛け，又は　苦痛若しくは不利益をもたらすことを行ってはならない．
2　会員は，その研究が臨床業務の遂行に支障を来さないように留意し，対象者又は関係者に可能な限りその目的を告げて，同意を得た上で行わなければならない．

（秘密保持）
第6条　会員は，臨床業務上知り得た事項に関しては，専門家としての判断の下に必要と認めた以外の内容を他に漏らしてはならない．
2　会員は，事例又は研究の公表に際して特定個人の資料を用いる場合には，対象者の秘密を保護する責任をもたなくてはならない．会員をやめた後も，同様とする．

（公開）
第7条　会員は，一般の人々に対して心理学的知識又は専門的意見を公開する場合には，公開者の権威又は公開内容について誇張がないようにし，公正を期さなければならない．
2　会員は，前項の規定による公開が商業的な宣伝又は広告の場合には，その社会的影響について責任がもてるものであることを条件としなければならない．

（他専門職との関係）
第8条　会員は，他の専門職の権利及び技術を尊重し，相互の連携に配慮するとともに，その業務遂行に支障を及ぼさないように心掛けなければならない．

（記録の保管）
第9条　会員は，対象者の記録を5年間保存しておかなければならない．

（倫理の遵守）
第10条　会員は，この倫理綱領を十分に理解し，これに違反することがないように常に注意しなければならない．
2　会員は，違反の申告が発生したときは，倫理委員会の調査・裁定を受ける場合がある．

（補則）
第11条　この綱領の具体的な倫理基準は，理事長が別に定める．

(資料3) 日本心理臨床学会会員のための倫理基準

制定：1998年9月21日
最近改正：2000年3月25日

　日本心理臨床学会は，日本心理臨床学会倫理綱領第11条の規定に基づき，この倫理基準を定める．

(責任)
第1条　本来，会員の専門的業務は，対象者の自発的な援助依頼に応えてなされるべきものである．この場合において，援助依頼者が援助を受ける対象者と異なる場合（親，教師，公共機関等の場合をいう．）は，常に援助対象者の利益及び人権を優先させなければならない．
2　会員は，援助依頼者及び対象者の人種，年齢，性別等の違いによって，提供する援助活動の内容に不当な差別をしてはならない．
3　会員は，援助依頼者の目的又は援助活動の結果が対象者の基本的人権を侵すおそれがある場合には，その活動に従事してはならない．
4　会員は，会員自身の個人的関心若しくは金銭上の不当な利益，又は所属する組織若しくは機関の不当な利益のために臨床業務を行ってはならない．

(技能)
第2条　会員は，専門職としての知識と技術水準を保持し，及び向上させるために，不断の学習と継続的な研修によって自己研鑽を積まなければならない．
2　会員は，臨床業務においては，学会水準で是認され得ない技法又は不適切とみなされる技法を用いてはならない．
3　会員は，対象者に必要かつ有効な技法であっても，所定の訓練を受けていない領域，対象層，技法等の適用は，スーパーバイザーの下で行う場合を除き，原則として差し控えなければならない．
4　会員は，自分の能力の限界を超えると判断されるときは，対象者の同意の下に他の心理臨床家に協力を求め，委託しなければならない．
5　会員は，原則として，心理臨床業務には，必要な専門教育・訓練を受けていない者を従事させてはならない．
6　会員は，対象者及び関係者に対して，臨床心理学の限界を超えた情報を提供してはならない．

(査定技法)
第3条　会員は，臨床業務の中で心理検査等の査定技法を用いる場合には，その目的と利用の仕方について，対象者に分かる言葉で十分に説明し，同意を得なければならない．この場合において，会員は，対象者が幼児若しくは児童又は何らかの障害のために了解が困難な者の場合は，これらの者の保護者又は関係者に十

分説明した上でその同意を得なければならない．
2　会員は，査定技法が対象者の心身に著しく負担をかけるおそれがある場合，又はその査定情報が対象者の援助に直接に結びつかないとみなされる場合には，その実施は差し控えなければならない．
3　会員は，依頼者又は対象者自身から査定結果に関する情報を求められた場合には，情報を伝達することが対象者の福祉に役立つよう，受取り手にふさわしい用語と形式で答えなければならない．測定値，スコア・パターン等を伝える場合も同様である．
4　会員は，臨床査定に用いられる心理検査の普及又は出版に際しては，その検査を適切に活用できるための基礎並びに専門的知識及び技能を有しない者が入手，又は実施することのないよう，その頒布の方法については十分に慎重でなければならない．（第7条第3項参照）

（援助・介入技法）
第4条　会員は，専門的援助を求める対象者に適切な援助・介入活動を行わなければならない．ただし，会員は，対象者側が会員から提案された特定の援助・介入技法を受入れ，又は断る選択の自由を保証しなければならない．その援助を中断する場合も，同様とする．
2　会員が対象者と接遇して行う心理療法，カウンセリング等の援助的活動は，所定の臨床の場においてだけ行うべき職業的行為であって，会員は，原則として，私的な場所又は公開の場でこれを行ってはならない．
3　会員は，現に臨床的関係をもっている対象者との間では，私的交際を避けなければならない．

（研究）
第5条　会員は，対象者に対して通常の臨床活動以外の介入手続を加える研究計画を立てるときは，研究の意義を検討すると同時に，研究に協力し参加する対象者の心身の負担及び苦痛の程度並びにこうむるおそれのある不利益の内容及び程度を十分に勘案した上で，少なくとも臨床業務を著しく阻害せず，及び道義的にも認められる範囲の計画であることを確認した上で実行に移さなければならない．この場合において，研究の途中に予想外の有害効果又は不利益をもたらすおそれが生じると思われる場合には，その手続を変更し，又は中止することができる柔軟な姿勢で臨まなければならない．
2　会員は，臨床的研究を行うために，対象者に対して援助活動以外の介入を必要とする場合は，事前にその目的及び内容を告げ，研究への協力参加の同意を得なければならない．この場合において，対象者は，参加又は不参加を選択することができる自由及び研究進行中での辞退が可能であることを保証しておかなければならない．
3　前2項の場合において，会員は，対象者が幼児若しくは児童又は何らかの障

害のために了解が困難な者の場合は，これらの者の保護者又は関係者に十分説明した上で同意を得なければならない．
4　会員は，研究の終了後，協力参加した対象者に対して，得られた資料について説明し，誤解が生じないように配慮しなければならない．

(秘密保持)
第6条　会員は，法律に別段の定めがない限り，対象者の秘密保持のために，他の関連機関からの照会に対して，又は対象者の記録の保存と廃棄等については，十分慎重に対処しなければならない．
2　会員は，対象者本人又は第三者の生命が危険にさらされるおそれのある緊急時以外は，対象者の個人的秘密を関係者に伝えてはならない．この場合においても，会員は，その秘密を関係者に伝えることについて，対象者の了解を得るように努力しなければならない．
3　対象者の個人的秘密を保持するために，研修，研究，教育，訓練等のために対象者の個人的資料を公開する場合には，会員は，原則として，事前に当該対象者又はその保護者に同意を得なければならない．（第7条第1項参照）
4　前項の同意を得た場合においても，会員は，公表資料の中で当人を識別することができないように，配慮しなければならない．

(公開)
第7条　会員は，臨床的研究の成果を公表する場合には，どんな研究目的であっても，原則として，その研究に協力参加した対象者の同意を得ておかなければならない．研修のために自分の担当した対象者の事例を公表する場合も，同様とする．（第6条第3項参照）
2　会員は，専門家としての知識や意見を，新聞，ラジオ，テレビジョン，一般大衆誌，一般図書等において公表する場合は，内容の公正を期すことに努め，誇張，歪曲等によって臨床心理学及び心理臨床家の専門性と信頼を傷つけることのないよう十分な配慮をしなければならない．
3　会員は，心理学の一般的知識を教授するために使われる入門レベルの教科書若しくは解説書又は一般図書等において，心理検査に用いられる刺激素材の複製又はその一部をそのまま提示し，又は回答・反応に関する示唆に類するものを公開して，現存する心理学的査定技法の価値を損じないよう注意しなければならない．（第3条第4項参照）

(他専門職との関係)
第8条　会員は，自分の担当する対象者への援助が心理臨床活動の限界を超える可能性（例えば医学的診断と処置）があると判断された場合には，速やかに適切な他領域の専門職に委託し，又は協力を求めなくてはならない．
2　会員は，現に他の専門的援助を受けている者が援助を求めて来談した場合には，

対象者の同意を得て，その継続中の専門職との間で最良の方策について協議し，適切な取決めを行わなければならない．

(記録の保管)
第 9 条 会員は，対象者についての臨床業務及び研究に関する記録を 5 年間保存しておかなければならない．

(倫理の遵守)
第 10 条 会員は，専門的知識及び技能水準の向上と平行して，倫理意識の向上を目指して研鑽を積み，これを遵守するようにしなければならない．

(資料4) 臨床心理士倫理綱領

(財団法人日本臨床心理士資格認定協会)
制定: 1990年8月1日

　本倫理綱領は臨床心理士倫理規定第2条に基づき臨床心理士倫理規定別項として定める.

前　文
　臨床心理士は基本的人権を尊重し，専門家としての知識と技能を人々の福祉の増進のために用いるように努めるものである．そのため臨床心理士はつねに自らの専門的な臨床業務が人々の生活に重大な影響を与えるものであるという社会的責任を自覚しておく必要がある．したがって自ら心身を健全に保つように努め，社会人としての道義的責任をもつとともに，以下の綱領を遵守する義務を負うものである．

＜責任＞
第1条　臨床心理士は自らの専門的業務の及ぼす結果に責任をもつこと．その業務の遂行に際しては，来談者の人権尊重を第一義と心得，個人的，組織的，財政的，政治的目的のために行ってはならない．また，強制してはならない．

＜技能＞
第2条　臨床心理士は訓練と経験によって的確と認められた技能によって来談者に援助・介入を行うものである．そのためつねにその知識と技術を研鑽し，高度の技能水準を保つように努めること．一方，自らの能力と技術の限界についても十分にわきまえておかなくてはならない．

＜秘密保持＞
第3条　臨床業務従事中に知り得た事項に関しては，専門家としての判断のもとに必要と認めた以外の内容を他に漏らしてはならない．また，事例や研究の公表に際して特定個人の資料を用いる場合には，来談者の秘密を保護する責任をもたなくてはならない．

＜査定技法＞
第4条　臨床心理士は来談者の人権に留意し，査定を強制してはならない．またその技法をみだりに使用しないこと．査定結果が誤用・悪用されないように配慮を怠ってはならない．
　臨床心理士は査定技法の開発，出版，利用の際，その用具や説明書等をみだりに頒布することを慎むこと．

＜援助・介入技法＞
第5条 臨床業務は自らの専門的能力の範囲内でこれを行い，つねに来談者が最善の専門的援助を受けられるように努める必要がある．
　臨床心理士は自らの影響力や私的欲求をつねに自覚し，来談者の信頼感や依存心を不当に利用しないように留意すること．その臨床業務は職業的関係のなかでのみこれを行い，来談者又は関係者との間に私的関係をもたないこと．

＜専門職との関係＞
第6条 他の臨床心理士及び関連する専門職の権利と技術を尊重し，相互の連携に配慮するとともに，その業務遂行に支障を及ぼさないように心掛けること．

＜研究＞
第7条 臨床心理学に関する研究に際しては，来談者や関係者の心身に不必要な負担をかけたり，苦痛や不利益をもたらすことを行ってはならない．
　研究は臨床業務遂行に支障をきたさない範囲で行うよう留意し，来談者や関係者に可能な限りその目的を告げて，同意を得た上で行うこと．

＜公開＞
第8条 公衆に対して心理学的知識や専門的意見を公開する場合には，公開者の権威や公開内容について誇張がないようにし，公正を期すること．特に商業的な宣伝や広告の場合には，その社会的影響について責任がもてるものであること．

＜倫理の遵守＞
第9条 臨床心理士は本倫理綱領を十分に理解し，違反することがないように相互の間でつねに注意しなければならない．

〈名嘉幸一〉

■索　引■

あ

アイゼンク HJ	80
アイデンティティ	121
アクスライン M	61
アッカーマン N	85
アドラー A	1
アメリカ心理学会	137
アメリカ臨床心理学の主要雑誌	5
アルコール依存者	68
アルコール カウンセラー	89
あるがまま	78
愛着	117
遊び	62, 66, 67
暗示	34, 71

い

イニシエーション	35
インクブロット	21
インテーク	27
インテーク面接	92, 95
インフォームド コンセント	138, 141
いじめ	113, 120
いじめ対策緊急会議	9
医療チーム	28
異常行動	111
遺伝カウンセリング	128
一致性	46
一般的社会適応性	26
石川　中	18

う

ウェクスラー D	3, 12
ウェクスラー式知能検査	13
ウェクスラー-ベルビュー知能尺度	3
うつ状態	27
うつ性自己評価尺度	27
うつ病	122
受け身的注意集中	73
内田クレペリン精神検査	19
内田勇三郎	20

え

エクスタシー	33, 35
エゴグラム	18
エドワーズ AL	19
エビングハウス H	23
エリアーデ M	34
エリクソン EH	4, 116
エリクソンの発達図式	117
エレンベルガー HF	32
エンカウンターグループ	56
援助	30
援助・介入技法	145, 148, 152
援助行為	49
演者	70

お

オペラント条件	44
オペラント条件づけ	42, 43, 50

か

カウンセリング	6, 7, 8, 89, 135
カウンセリングと心理療法	3
カタルシス	70
カタルシス法	39
カルフ M	64
家屋・樹木・人物描画テスト	24

索引　153

家族関係図	92
家族状況	7
家族療法	8, 84
課題対処パターン	7
介入	95
貝原益軒醫箴	137
絵画欲求不満テスト	25
解決志向	86
解釈	41, 60, 94
外傷後麻痺	38
学校臨床心理士ワーキンググループ	10
学習障害	120
学生相談	126
葛藤	112
河合隼雄	6
患者-スタッフ ミーティング	68
患者のストレス	111, 112
患者の権利章典	137
患者の権利に関するリスボン宣言	137
患者の不安	112
感情の映し返し	55
感情の明確化	55
監督	70
監督教育	114
監督指導	114
観客	70

き

ギルフォード JP	16
危機介入	111, 112
気晴らし	82
記録の保管	150
基本的倫理	140
器質性麻痺	38
技能	145, 147, 151
技法	91
虐待	119, 132
逆転移	102
共感的理解	46
教育分析	101, 107
強制選択法	19
強迫性障害	122
境界例	7
禁欲原則	40

く

クライエント	35, 54, 62, 90
クライエントの人権	139
クライエント中心療法	44, 45, 54, 63
クライン M	61
クリアリング スペース	58
クレッチマー E	1
クレペリン E	19
クロッパー B	4
グループ ダイナミクス	68
空間象徴	24
空想的な物語	22

け

ゲシュタルト療法	4, 8
形式分析	24
形態水準	22
形態分析	24
系統的脱感作法	43, 81
傾聴法	8
芸術療法	67
研究	146
言語化	57
言語性検査	13
言語的な介入	66
原始治療	33
原始的防衛機制	102
現実吟味能力	7
現実自己	55

こ

コッホ K	24
コミットメント	112
コミュニケーション	111
コミュニティ アプローチ	11
コミュニティ心理学	112
コミュニティへのかかわり	8
コミュニティへの介入・サポート	7
コミュニティー ミーティング	68
コミュニティー メンタルヘルス活動	112
コメディカルスタッフ	28
コンサルタント	114
コンサルティ	114
コンサルテーション	7, 10, 111, 114, 129
コンサルテーション精神医学	111
子育て支援	112
小林茂雄	27
古典的条件づけ	43
個別面接	135
公開	149, 152
攻撃の方向	26
行動異常	7
行動主義	43
行動療法	42, 80
交流分析	8, 18
高齢者支援	112
高齢者施設	132

さ

サーストン LL	13
サイコセラピー	89
作業曲線	20
作業検査法	19
査定技法	145, 147, 151
催眠	34, 36, 42
催眠浄化法	39
催眠性麻痺	38
催眠トランス	37
催眠療法	71

し

シェイピング	84
システム	85
シモン T	13
シャーマニズム	31
シャーマン	32
シャルコー JM	38, 71
シュヴィング G	48
シュルツ JH	42, 72
ジェノグラム	86
ジェンドリン E	57
ジャネ P	38
思春期	121
思春期やせ症	112
指導助言	114
資源	88
試行錯誤	43
自我同一性	121
確立	7
自我の成熟度	7
自我防衛	7
自己暗示	72
自己一致	46
自己啓発	77
自己決定権	139
自己実現	54, 55
自己主張訓練	82
自己洞察	70
自己否定	100
自己理解	55, 106
自殺	122
自主性	118
自動感	74
自発性	69
自閉	74

自由連想	60		浄化法	39
自由連想法	38, 40, 49		職能的資質の向上と自覚	142
自律訓練法	8, 42, 72		心身医学	111
自律性	118		心身症	112
児童期	119		心理・社会的要因	111
児童虐待	112		心理アセスメント	6, 12
児童自立支援施設	131		心理学的ケア	112
児童心理司	131		心理学的診断	8
児童生徒へのカウンセリング	10		心理学的見立て	26
児童相談所	131		心理劇	69
児童養護施設	131		心理査定	6, 7, 102
質問紙法	15		心理査定用具類	143
3件法, 4件法	15		心理診断	7
実存的不安	112		心理テスト	93
社会学習理論	44		心理的障害	122
社会性の発達	7		心理的成長	26
社会的責任	138		心理療法	6, 7, 8, 30, 38, 54, 89
社会的望ましさ	19		始めかた	91
主訴	7, 91		担当職員	131
主題統覚検査	22		心理療法とパーソナリティの変化	3
主動感	74		心理療法の関わり	76
守秘義務	138, 139		心理臨床家	111
呪術	31		専門性	112
呪術的思考	31		心療内科	128
受動的集中	42		神経質	77
受容	46, 59		神経症	7, 38
受容療法	8		真実性	46
受理面接	27, 92		人格の発達レベル	7
修正感情体験	101		人格目録	7
集団精神療法	68			
集団療法	8		**す**	
集団力動	68			
醜貌恐怖	103		スーパーヴァイザー	114
純粋性	46		スーパーヴァイジー	114
助言	111, 114		スーパーヴィジョン	69, 106, 114
障害者福祉	132		スキーマ	81
条件反射理論	43		スクールカウンセラー	9, 89, 113
状態・特性不安検査	27		活動実施要項	10
状態不安	27		活用調査研究委託事業	9
			スクールカウンセリング	126

スケーリング	87
ストレス	112
ストレスマネジメント	10
スピアマン CE	12
スピルバーガー CD	27
杉田峰康	18
鈴木ビネー知能検査	13

せ

セラピスト	90
世代間連鎖	92, 102
生育歴	7
生活歴	7
生の欲望	78
成人期	123
成長モデル	8
性格	7
性格検査	14
性格検査の活用	26
青年期	121
精神医学	111
精神医療	112
精神科医	7
精神科デイケア	130
精神症状	111
精神障害者小規模作業所	130
精神衰弱	38
精神年齢	14
精神病	7
精神分析	38, 63
精神分析的カウンセリング	8
精神分析入門	1
精神分析療法	8, 39, 41, 59
精神保健リハビリテーション	129
精神療法	30
責任	140, 145, 147, 151
摂食障害	68, 122

そ

相互啓発	143
相談	111, 114

た

ターマン LM	14
ターミナルケア	112
田中ビネー知能検査	13
多動	74
妥当性尺度	16
体験グループ	107
対象者との関係	141
対人関係	7
対人関係様式	7
対人恐怖	122
対人交流	75
退行	95
第一反抗期	118
第二次性徴	121
第二反抗期	121
高橋雅春	25
脱魂状態	33

ち

チーム医療	103, 105
地域援助	8
知的能力	7
知能の構造	12
知能の定義	12
知能	
一般因子，特殊因子	12
多因子説	13
2因子説	12
知能検査	7, 12
知能指数	14
治療環境	111
治療モデル	8
注意欠陥/多動性障害	120

超心理学	34

つ

ツァン WWK	27
辻岡美延	16

て

テストバッテリー	27
テレパシー	34
デイケア	68
デュセイ JM	18
抵抗	41, 60, 95
適応指導教室	127
適応障害	7
適応パターン	7
徹底操作	95
転移	39, 61, 94

と

トラウマ	112
トランス	34, 35, 37, 71
トリック	34
とらわれ	77
ドメスティック バイオレンス	133
投影同一視	102
投影法	20
東大式エゴグラム	19
統合型 HTP	25
統合失調症	48, 85, 122
洞察	55, 70, 95
動作	74
動作性検査	13
動作法	8, 42, 74
動態分析	24
道義的責任	138
特性不安	27

な

ナウンバーグ M	67

内観療法	8, 75
内在化	103
内的世界	66
内容分析	24
中井久夫	25

に

日本カウンセリング学会	5
日本家族心理学会	6
日本学生相談学会	6
日本芸術療法学会	6
日本交流分析学会	5
日本心理臨床学会	4, 5, 10, 138
会員のための倫理基準	147
倫理綱領	138, 145
日本精神分析学会	5
日本箱庭療法学会	6
日本臨床心理士会	6, 10, 138
倫理綱領	138, 140
日本臨床心理士資格認定協会	
	5, 6, 10, 138
臨床心理士倫理綱領	138
乳児期	116
人間性心理学	8, 44
認知行動療法	68, 81
認知療法	8, 44

ね

ネグレクト	119

の

能力	88

は

ハサウェイ SR	17
ハルトマン H	4
バーン E	18
バーンアウト	136
バイオフィードバック法	83

バウムテスト	7, 24
バック JN	24
バンデューラ A	44
パーソナリティ インベントリー	7
パーソナリティの統合性	7
パーソナリティの特徴	7
パールズ FS	4
パブロフの条件反射学説	43
箱庭療法	8, 64
発達課題	116
発達検査	14
発達指数	14
発達障害	119
発達図式	116
発達年齢	14
反応決定因	22
反応内容	22
反応領域	22
犯罪被害者支援	112

ひ

ヒステリー	38, 39, 49, 77
ヒステリー性麻痺	38
ヒポクラテスの誓い	137
ヒポコンドリー性基調	77
ビネー A	1, 13
ビネー式知能検査	13
ビネー-シモン知能検査	1
ピア カウンセリング	51
否定的自動思考	81
非言語性	67
非行少年	68
非合理的信念	81
非指示的心理療法	56
非指示療法	8
被暗示性	37
被動感	74
秘密保持	140, 146, 149, 151
平等に漂う注意	40

病歴	7

ふ

ファシリテーター	57
フェルト シフト	58
フェルトセンス	58
フォーカシング	57
フラッディング	80
フロイト A	61
フロイト S	1, 31, 59
フロム E	4
ブラックボックス	43
ブリーフセラピー	86
ブレイド J	71
ブロイアー J	39
プラセボー	34
プレイセラピー	61
プレイルーム	62
不適応	122
不適応状態	122
不登校	113, 114, 120, 122
舞台	70
福田一彦	27
分析的心理療法	8
分離不安	119
文章完成法テスト	7, 23, 96

へ

ヘイヤー NR	18
ヘルシンキ宣言	137
ベック AT	44, 81
ベッテルハイム B	4
変性意識	50
偏差知能指数	14

ほ

ホスピス	112, 129
ボウルビィ J	117
ボーエン M	85

補助自我	70
防衛	59

ま

マタニティブルー	112
マッキンレー JC	17
マッコーバー K	25
マレー HA	19

み

ミネソタ多面人格目録	17
ミラクルクエスチョン	88
見立て	7
実のなる木	24
水口公信	27

む

無意識	49, 59
無意識の葛藤	94
無条件の肯定的配慮	46

め

メスメル FA	37, 71
メニンガー KA	3
メニンガークリニック	3, 104, 107
メンタルヘルス	136
面接法	27

も

モーガン CD	22
モデリング	81
モラトリアム	121
モレノ J	69
喪の作業へのサポート	112
燃え尽き状態	136
森田療法	77

や

矢田部・ギルフォード性格検査	16
矢田部達郎	16
役割演技	69
薬物療法	7

ゆ

ユング CG	1, 90
ユング心理学	63
遊戯療法	132
夢判断	1
夢分析	8

よ

予備面接	93
幼児期	118
養生訓	137
抑圧	39, 49
欲求-圧力理論	19
欲求不満への耐性	7, 77

ら

ライフサイクル	4, 116
ラポール	72
来所経緯	7
来談者	54
来談者中心療法	3, 8
来談動機	7

り

リエゾン	111
リエゾン精神医学	111
リエゾンネットワーク	9
リソース	88
リラクゼーション	42, 71, 72, 84
理想自己	55
力動性麻痺	38
倫理違反	143
倫理基準	138, 147
倫理規定	138
倫理綱領	138, 140, 145

倫理の遵守	146, 150, 152
臨死患者	111
臨床尺度	17
臨床心理学的アセスメント	6, 7
臨床心理訓練生	108
臨床心理士	5, 6, 9, 111
業務	142
資格審査	6
専門性	28
倫理綱領	151
臨床的所見	26

れ

レヴィストロース C	34
レスポンデント条件づけ	43
例外探し	87
暦年齢	14
連携	111
連続加算	19
連絡	111

ろ

ローゼンツワイク S	25
ロールシャッハ H	2
ロールシャッハテスト	2, 4, 7, 21, 96
解釈	22
ロールプレイ	82
ロジャーズ CR	3, 8, 44, 54
老年期	124
論理療法	8

わ

ワークスルー	94, 95
ワトソン JB	43

A

Ackerman N	85
ADHD（attention-deficit/hyper-activity disorder）	120
Adler A	1
APA	137
Axline M	61

B

Bandura A	44
Beck AT	44, 81
Berne E	18
Bettelheim B	4
Binet A	1, 13
biopsycho-social	111
Bowen M	85
Bowlby J	117
Braid J	71
Breuer J	39
Buck JN	24

C

CAT（children's apperception test）	23
Charcot JM	38, 71
counseling	6, 7, 8, 89, 135

D

D-IQ	14
DA（developmental age）	14
DQ（developmental quotient）	14
Dusay JM	18
DV	112, 133

E

Ebbinghaus H	23
Edwards AL	19
Eliade M	34

Ellenberger HF	32	Klein M	61
EPPS（Edwards Personal Preference Schedule）	19	Klopfer B	4
		Koch K	24
Erikson EH	4, 116	Kraepelin E	19
Eysenck HJ	80	Kretschmer E	2

F

L

Freud A	61	Lévi-Strauss C	34
Freud S	1, 31, 59	LD（learning disorder）	120
Fromm E	4		

G

M

genogram	92	Machover K	25
Gendlin E	57	Mckinley JC	17
Guilford JP	16	Menninger KA	3
		Mesmer FA	37, 71

H

		MMPI（Minnesota Multiphasic Personality Inventory）	17
Hartmann H	4	Moreno J	69
Hathaway SR	17	Morgan CD	22
Heyer NR	18	Murray HA	19
Hippocrates	137		

N

HIV カウンセリング	111, 129		
HTPP テスト	25	Naumburg M	67

P

HTP テスト	24		
humanistic psychology	44		
hypnosis	36	P-F スタディ	25
hypnotic trance	37	Perls FS	4
		PHS（partial hospitalization service）	108

I

interpretation	41	psychotherapy	8, 30
IP（identified patient）	85	PTSD	112
IQ（intelligence quotient）	14		

R

J

Janet P	38	repression	39
Jung CG	1, 90	resistance	41
		Rogers CR	3, 8, 44, 54

K

		Rorschach H	2
		Rosenzweig S	25
Kalff M	64		

S

S-O-R モデル	43
S-R モデル	43
Schwing G	48
SCT（sentence completion test）	7, 23, 96
SDS（self-rating depression scale）	27
Shultz JH	42, 72
Simon T	13
Spearman CE	12
Spielberger CD	27
SST	81, 82
STAI（state-trait anxiety inventory）	27

T

TAT（thematic apperception test）	22
TEG	19
Terman LM	14
Thurstone LL	13
trance	37
transference	39

W

WAIS（Wechsler Adult Intelligence Scale）	13
Watson JB	43
Wechsler D	3, 12
Wechsler-Bellvue Intelligence Scale	3
WISC（Wechsler Intelligence Scale for Children）	13

Y

YGPI®	16

Z

Zung WWK	27

編者略歴

名嘉幸一（な か こういち）

- 1972 年　早稲田大学社会科学部卒業
- 1978 年　琉球大学保健学部保健学科講師
- 1985 年　カナダ・ブリティッシュコロンビア大学医学部客員研究員
- 1986 年　琉球大学医学部保健学科助教授
- 1994 年　アメリカ・ハーバード大学人類学部客員研究員
- 1997 年　琉球大学医学部保健学科教授
- 2009 年　琉球大学名誉教授

- 1993 年　日本臨床心理士会代議員
- 1998 年　沖縄県臨床心理士会会長
- 2002 年　被害者こころの支援センター沖縄会長

コメディカルのための専門基礎分野テキスト
臨床心理学　ⓒ

発　行	2006 年 5 月10 日	1 版 1 刷
	2012 年 3 月10 日	1 版 2 刷
	2019 年 4 月10 日	1 版 3 刷
	2023 年 4 月 5 日	1 版 4 刷

編　者　名嘉幸一
発行者　株式会社　中外医学社
　　　　代表取締役　青　木　　滋
　　　　〒162-0805　東京都新宿区矢来町 62
　　　　電　話　(03) 3268-2701 (代)
　　　　振替口座　00190-1-98814 番

印刷・製本／三和印刷(株)　　＜KO・YS＞
ISBN978-4-498-07626-6　　Printed in Japan

JCOPY　＜(社)出版者著作権管理機構　委託出版物＞

本書の無断複製は著作権法上での例外を除き禁じられています．複製される場合は，そのつど事前に，(社)出版者著作権管理機構（電話 03-5244-5088, FAX 03-5244-5089, e-mail: info@jcopy.or.jp）の許諾を得てください．